Gabriele Kuby

Fürchte dich nicht du kleine Herde
wenn die Hirten mit den Wölfen tanzen

fe

Gabriele Kuby

Fürchte dich nicht du kleine Herde

wenn die Hirten mit den Wölfen tanzen

1. Auflage Juni 2023
© Fe-Medienverlag, 88353 Kisslegg
www.fe-medien.de

ISBN: 978-3-86357-384-3

Umschlaggestaltung: Jakob Kuby
Druck: orth-druk, Bialystok (Polen)

Printed in EU

Inhalt

Vorbemerkung 9

Der Synodale Weg im Kontext der sexuellen Revolution 11

Der Synodale Weg auf falschem Fuß 18

Die Berufung des Bischofs 22

Abschied vom christlichen Menschenbild 26

Neubewertung der Homosexualität 33

Die Anerkennung „geschlechtlicher Vielfalt" 46

Falsches Mitleid 50

Notwendiges Mitleid 54

Verfolgung Rechtgläubiger? 58

Kuss des Judas: Missbrauch des Wortes Gottes 64

Echte Umkehr 71

Fürchte dich nicht, du kleine Herde 75

Würdig werden der Verheißungen Christi 83

Hotline zum Heiligen Geist 91

In der Annahme, das tatsächliche Verhalten der Menschen solle die Norm für die Aufhebung positiver Gebote der Kirche sein, stoßen wir wieder auf den großen säkularisierenden Irrtum unserer Zeit: auf die Vorstellung, dass die Religion dem Menschen angepasst werden solle und nicht der Mensch der Religion.

Dietrich von Hildebrand[1]

Vorbemerkung

Im Fokus dieses Textes steht der Synodale Weg der katholischen Kirche in Deutschland und jene über 90 Prozent der Bischöfe, die im März 2023 „Handlungstexten" zugestimmt haben, welche die katholische Morallehre aufheben und die Gender-Ideologie und LGBTIQ-Agenda bruchlos übernehmen. Wenn von „Kirche" die Rede ist, ist die katholische Kirche in Deutschland gemeint; wenn verallgemeinernd von „Bischöfen" gesprochen wird, sind jene wenigen mutigen Bischöfe ausgenommen, die sich den häretischen Beschlüssen widersetzt und mit Nein gestimmt haben. Für ihre Standhaftigkeit sei ihnen von Herzen gedankt.

Die evangelische Kirche ist der katholischen auf dem Weg in den Glaubensabfall längst vorausgegangen. Seit 1993 werden homosexuelle Partnerschaften gesegnet, seit 2010 dürfen auch gleichgeschlechtliche Paare die Gemeinde leiten. Im Juni 2022 sagte Papst Franziskus zu Bischof Bätzing: „Es gibt eine sehr gute evangelische Kirche in Deutschland. Wir brauchen nicht zwei von ihnen." Die Austrittszahlen zeigen, dass die Menschen nicht einmal eine solche Kirche brauchen.

Das gewinnende Schreiben des Papstes an das pilgernde Gottesvolk vom 29. Juni 2019, sein deutlicher Einspruch vom 21. Juli 2022, das eindeutige römische Veto zum geplanten Synodalen Rat vom 16. Januar 2023, zahlreiche theologisch tiefgründige Schreiben verschiedener Bischofskonferenzen – nichts hat die Synode der deutschen Bischöfe und Laien von ihrem Abfall vom katholischen Glauben abbringen können. Wenn Rom die kirchenrechtlichen Konsequenzen gegen die schismatischen Bischöfe nicht ergreift, ist das grünes Licht für die Kräfte, die weltweit aktiv sind, um die katholische Morallehre und damit die katholische Kirche selbst zu Fall zu bringen. Der Synodale Prozess der Gesamtkirche wird es erweisen.

2021 sind 359 338 Katholiken aus der katholischen Kirche ausgetreten. Der evangelischen Kirche haben 2021 280.000 und 2022 380.000 den Rücken gekehrt. Der häufigste Grund: persönliche Irrelevanz.

Der Synodale Weg im Kontext der sexuellen Revolution

Es ist schön, Christ zu sein und durch die Kirche alles zu empfangen, was nötig ist, um den schmalen Weg zum ewigen Leben gehen zu können. Seit zweitausend Jahren wird der Weg beschritten und muss in jeder Zeit und Kultur neu gebahnt werden, um die von Gott geoffenbarte Wahrheit in „zerbrechlichen Gefäßen" (2 Kor 4,8) durch die Zeit zu tragen. Das ist die zentrale Aufgabe des Papstes und der Bischöfe. Der Weg bleibt immer schmal, ein Weg in der Welt, aber nicht von ihr. Millionen haben lieber ihr Leben gegeben, als Christus zu verraten – bis auf den heutigen Tag.

Nun aber hat die katholische Kirche in Deutschland das Kreuz Christi als Zentrum des Glaubens durch die Regenbogenflagge ersetzt. All jene, die als Priester oder gläubige Laien Jesus treu bleiben wollen, stehen jetzt in den meisten Diözesen vor der Wahl: Treue zur geoffenbarten Wahrheit oder Gehorsam gegenüber dem Bischof – eine teuflische Alternative.

Die Bibel berichtet von der ersten bis zur letzten Seite vom immer gleichen Zyklus: der Zuwendung Gottes zum Menschen und der Hinwendung des Menschen zu Gott, dem Aufblühen des Lebens, der schleichenden Abwendung von seinen Geboten, dem Abfall vom wahren Gott, der Verehrung der heidnischen Götter der sexuellen Ausschweifung Baal und Astarte, den katastrophalen Folgen, der Reue und der erneuten Hinwendung zum Gott Abrahams, Isaaks und Jakobs. Gott ist barmherzig, er vergibt jede bereute Schuld, aber dieser Gott ist eifersüchtig und er stellt Forderungen: Der Mensch soll ihn allein anbeten und sich mit seiner Willensfreiheit für das Gute entscheiden. Als Leitlinie hat er die zehn Gebote in Stein gemeißelt. Jesus hat sie nicht aufgehoben, sondern verinnerlicht. Er will mit der Bergpredigt das Herz des Menschen zur Liebe hinwenden, einer Liebe, die den Menschen dazu bewegt, sich Gott und dem Nächsten zu schenken. Damit wir das Gute erkennen können, hat er allen Menschen das Gewissen eingepflanzt, das umso klarer spricht, je mehr sich der Mensch aus der Sünde befreit.

Jesus hat drei Jahre lang geheilt und gepredigt, hat sich dann dem Kreuz ausgeliefert, ist gestorben und auferstanden. Seine Botschaft hat die europäische Kultur geprägt und sich von dort über die ganze Welt verbreitet. Nun wirft Europa dieses Erbe weg, und die Schweine zertreten das schal gewordene Salz. Gibt es dafür ein sprechenderes Zeichen als die Aufhängung eines riesigen Schweineherzens als Fastentuch über dem Altar, wie in der Spitalskirche von Innsbruck 2023 geschehen?

Noch prägen die Kirchtürme die Silhouetten der Städte, aber die Bänke darunter leeren sich. 359 338 Katholiken haben 2021 die Katholische Kirche verlassen. Was das für eine Gesellschaft bedeutet, kann man ermessen, wenn man sich vorstellt, jedes Jahr würde die Kirche dreihunderttausend Mitglieder dazu gewinnen. Aber die Kirche hat ihnen nichts mehr zu sagen, weil sie seit fünfzig Jahren das Wesentliche nicht sagt: Mensch, du wirst sterben und du wirst auferstehen zur ewigen

Die moralischen Normen, welche der Sexualität den rechten Platz in der Schöpfungsordnung Gottes geben, sind von zentraler Bedeutung.

Herrlichkeit oder zur ewigen Finsternis. Nutze Deine Willensfreiheit, um den Willen Gottes zu tun, auf dass dir die Erlösungstat Christi zuteilwerden möge. Gott ist barmherzig und gerecht, Liebe und Wahrheit bedingen einander. (vgl. Eph 4,15)

Die Kirche hat ihnen nichts mehr zu sagen, weil sie aufgehört hat, die Menschen darüber zu belehren, wie sie der Verheißungen Christi würdig werden können. Die moralischen Normen, welche der Sexualität den rechten Platz in der Schöpfungsordnung Gottes geben, sind von zentraler Bedeutung. Die frühen Christen haben sich von ihrem heidnischen Umfeld für jeden erkennbar durch ihre Sexualmoral unterschieden. Die Ehe, die Familie, das Leben des Kindes waren ihnen heilig. Der Angriff des letzten halben Jahrhunderts richtet sich genau darauf: Die Zerstörung von Ehe und Familie und die massenhafte Opferung von Kindern vor der Geburt. Es ist ein Rückfall in die Barbarei des Heidentums.

Diese Entwicklung hat Joseph Ratzinger bereits 1958 vorausgesehen, als 90 Prozent der Bevölkerung noch Christen und die Kirchen noch voll waren. In seinem prophetischen Aufsatz „Die neuen Heiden und die Kirche" sagte er:

„Das Erscheinungsbild der Kirche der Neuzeit ist wesentlich davon bestimmt, dass sie auf eine ganz neue Weise Kirche der Heiden geworden ist und noch immer mehr wird: nicht wie einst, Kirche aus den Heiden, die zu Christen geworden sind, sondern Kirche von Heiden, die sich noch Christen nennen, aber in Wahrheit zu Heiden wurden."[2]

Die Kirche hat einen prophetischen Dienst zu erfüllen. Wenn sie die ihr anvertraute Wahrheit beschneidet, um von der Welt nicht gehasst zu werden, dann verliert sie ihre Vollmacht. Das kleinlaute, feige, immer erneute Zurückweichen erlaubt es den Feinden Christi, das christliche Territorium Stück für Stück einzunehmen, bis schließlich das letzte Bollwerk gegen die sexuelle Revolution, die katholische Kirche – in Deutschland – fällt.

Die sexuelle Revolution hat mit dem Durchbruch der Studentenrevolte von 1968 die gesamte westliche Welt erfasst und ist im Begriff, durch immer irrwitzigere Anschläge auf Vernunft und Natur die Grundlagen der menschlichen Existenz zu zerstören. Eine Gesellschaft, die alle moralischen Begrenzungen des mächtigen, Leben zeugenden Sexualtriebes über den Haufen geworfen hat und diesen Trieb ständig durch die Unterhaltungsindustrie, Werbung und Pornographie stimuliert, eine solche Gesellschaft gewinnt nicht an Freiheit und Selbstverwirklichung, sondern wird vom Sexualtrieb beherrscht. Dies zeigt sich im Zerfall von Ehe und Familie, den Millionen von Abtreibungen, dem weltweiten Pornographiekonsum und dem allgegenwärtigen sexuellen Missbrauch von Kindern und Jugendlichen. Statt Kinder vor Sexualisierung und sexuellem Missbrauch zu schützen, werden sie bereits in Kindergärten und in der Schule zwangssexualisiert und in ihrer geschlechtlichen Identität destabilisiert.

Diese verhängnisvolle Entwicklung hat vor der Kirche nicht Halt gemacht.[3] Seit der Bekanntmachung von sexuellem Missbrauch im Canisius Kolleg in Berlin im Jahr 2010 kommen in Deutschland und in der Weltkirche immer wieder neue schockierende Fälle ans Licht. Kleriker auf allen Ebenen der Hierarchie, Gemeindepfarrer, Bischöfe und Kardinäle, mögen sie sich liberal oder konservativ geben, Gründer und Leiter geistlicher Orden und Gemeinschaften, Exerzitienleiter, Autoren spiritueller Bücher, Priester mit künstlerischer Schaffenskraft führten ein schizophrenes Doppelleben. Sie konnten ihren Sexualtrieb nicht beherrschen und vergriffen sich überwiegend an „Epheben", jungen Männern unmittelbar in oder nach der Pubertät.

Als Männer, die nach außen ein Licht auf dem Schemel zu sein schienen, die den Namen Jesu Christi im Munde führten, das Evangelium verkündeten, Sakramente spendeten, denen Ehrerbietung und Vertrauen entgegengebracht wurden, fügten sie der Seele und dem Leib ihrer Opfer nicht nur schwerste Verwundungen zu, die sie aus der Bahn ihres Lebens werfen, sondern zerstörten in den meisten Fällen auch deren Glauben an Gott. Ihre Taten, die allem widersprachen, was die Täter einst selbst inspiriert haben dürfte, können nur mit dämonischer Besessenheit erklärt werden. Ihr Geist wurde verblendet, sie kannten keinerlei Mitgefühl für die Opfer, keine Furcht vor dem Gericht Gottes, kein Bewusstsein für den unermesslichen Schaden, den sie ihren Opfern und der Kirche zugefügt haben.

Die Bischofskonferenz und einzelne Diözesen haben Untersuchungskommissionen eingesetzt, die den sexuellen Morast in der Kirche ans Tageslicht bringen. Mit der Behauptung, dies aufarbeiten zu wollen, wurde 2019 „Der Synodale Weg der katholischen Kirche in Deutschland" ins Leben gerufen.

Der Synodale Weg auf falschem Fuß

Der „Synodale Weg" wurde 2019 nach der Veröffentlichung der MHG-Studie über den sexuellen Missbrauch in der katholischen Kirche gegründet. Als oberstes „Organ" wurde die „Synodalversammlung" installiert, bestehend aus den 67 deutschen Bischöfen, 69 Vertretern des Zentralkomitees der deutschen Katholiken sowie circa 100 weiteren handverlesenen Laien, die von niemandem gewählt wurden. Ihnen allen oblag es, gleichberechtigt über Papiere abzustimmen, welche zentrale Fragen der Glaubens- und Sittenlehre der katholischen Kirche „reformieren" sollten. Eine kirchenrechtliche Legitimität der frei kreierten Institutionen des Synodalen Weges sowie der verabschiedeten Beschlüsse existiert nicht.

Die „Synodalversammlung" ist eine Vorstufe des angestrebten „Synodalen Rats". An diesem einen Punkt hat Rom ein eindeutiges Veto eingelegt: Dem Synodalen Rat wurde mit der Note vom 21. Juli 2022 und dem römischen Schreiben vom 16. Januar 2023 ein Riegel vorgeschoben, weil er „eine Verletzung der kirchlichen Gemeinschaft und eine Bedrohung der Einheit der Kirche" darstelle. Aber die Synodalen interessiert nicht, was der Papst sagt. Dies trug Bischof Bätzing in der FAZ vom 03. März 2023 die Schlagzeile ein: „Bätzing geht auf den Papst los." Er tut es im Konsens mit der großen Mehrheit der Synodalen.

Warum waren alle Bischöfe bereit, kontinuierlich an dem „Synodalen Weg" teilzunehmen, dessen strategische Agenda schon bald offenbar wurde? Kurz nachdem Papst Franziskus das pilgernde Gottesvolk in Deutschland in seinem Brief vom 16. Juli 2019 aufgefordert hatte, den Fokus auf die Neuevangelisierung zu legen, reichten Kardinal Woelki und Bischof Voderholzer am 26. Juli 2019 einen alternativen Satzungsentwurf ein, der eben dieses tat. Die Mehrheit der Synodalversammlung, inklusive die Mehrheit der Bischöfe, lehnte diesen Vorschlag ab. Angesichts des Umstandes, dass die Katholiken jährlich zu Hunderttausenden die Kirche verlassen, fragt man sich, was die Bischöfe denn sonst als ihre zentrale Aufgabe erachten.

Warum akzeptierten sie eine Frau Irme Stetter-Karp als Mitglied des vierköpfigen Präsidiums, welche forderte, „sicherzustellen, dass der medizinische Eingriff eines Schwangerschaftsabbruchs flächendeckend ermöglicht wird"; warum einen Bischof Bode, der seit Jahrzehnten die Auflösung der christlichen Sexualmoral betreibt und nach getaner Arbeit im Präsidium des Synodalen Weges im März 2023 wegen aktiver Vertuschung von Missbrauch als Bischof nicht mehr zu halten war?

Warum wurden die Böcke zum Gärtner gemacht?

Schon bald wurde klar, dass die Aufarbeitung des sexuellen Missbrauchs als Gelegenheit diente, um die seit fünfzig Jahren angestrebten „Reformen" durchzusetzen, welche die Dekonstruktion des katholischen Glaubens und der Kirchenverfassung bedeuten, nämlich:

- Die Auflösung des bischöflichen Amtsverständnisses und Teilung der Macht mit „Lai*innen" (sic!)
- Frauenpriestertum
- Aufhebung des Zölibats
- Vollständige Aufhebung der katholischen Sexualmoral
- Segensfeiern „für Paare, die sich lieben"
- Befürwortung „geschlechtlicher Vielfalt" (LGBTIQ)

Die überwältigende Mehrheit der Bischöfe hat bei den Schlussabstimmungen im März 2023 den „Handlungstexten" zugestimmt. Handlungstexte heißen sie, weil sie dazu bestimmt sind, am Kirchenrecht vorbei und ungeachtet der fundamentalen Widersprüche zur kirchlichen Lehre durch autoritatives Handeln des Bischofs in seiner Diözese umgesetzt zu werden.

Mit dem Kalkül, heimliche Nein-Stimmen der Bischöfe zu verhindern, wurde – rechtlich zweifelhaft – die namentliche Abstimmung durchgesetzt, eine wichtige Information für jene, die wissen möchten, ob ihr Bischof den Glauben verraten oder ob er standgehalten hat. Das wird auch für die Kirchenhistoriker von Bedeutung sein, die den beispiellosen Niedergang der katholischen Kirche in Deutschland beschreiben werden. Ausnahmslos mit Nein gestimmt haben Bischof Rudolf Voderholzer, Weihbischof Dominikus Schwaderlapp und Weihbischof Florian Wörner. Auch Bischof Gregor Maria Hanke, Bischof Bertram Meier, Bischof Stefan Oster und Erzbischof Rainer Maria Woelki haben bei einigen Enthaltungen die meisten Beschlüsse abgelehnt. Enthaltungen gehen – rechtlich fragwürdig – nicht in das Quorum ein, sie fallen unter den Tisch. Wer sich enthielt, wusste, dass er damit auf jede Einflussnahme verzichtete.

Die Berufung des Bischofs

Die Aufgabe des Bischofs ist es, die zerbrechlichen Gefäße, in denen das Evangelium durch die Zeit getragen wird, vor dem Zerbrechen zu bewahren. Was das heißt, erläuterte Joseph Ratzinger bei seiner Weihe zum Erzbischof von München am 28. Mai 1977:

> *„Der Bischof handelt nicht im eigenen Namen, sondern er ist Treuhänder eines anderen, Jesu Christi und seiner Kirche. Er ist nicht ein Manager, ein Chef von eigenen Gnaden, sondern der Beauftragte des anderen, für den er einsteht. Er kann daher auch nicht beliebig seine Meinungen wechseln und einmal für dies, einmal für jenes eintreten, je nachdem, wie es günstig erscheint. Er ist nicht da, seine Privatideen auszubreiten, sondern er ist ein Gesandter, der eine Botschaft zu überbringen hat, die größer ist als er. An dieser Treue wird er gemessen, sie ist sein Auftrag."*

Um dies sicherzustellen, werden dem für das Bischofsamt Erwählten Fragen gestellt, eine *Examinatio*, die er mit „*Volo*", „Ich will" beantwortet. Er verspricht:

- Ich will das Evangelium Christi treu und unermüdlich verkünden.
- Ich will das von den Aposteln überlieferte

Glaubensgut, das immer und überall in der Kirche bewahrt wurde, rein und unverkürzt weitergeben.
- Ich will am Aufbau der Kirche, des Leibes Christi, mitwirken und zusammen mit dem Bischofskollegium unter dem Nachfolger des heiligen Petrus ihre Einheit bewahren.
- Ich will dem Nachfolger des Apostels Petrus treuen Gehorsam erweisen.
- Ich will für das Volk Gottes wie ein guter Vater sorgen und es auf dem Weg des Heiles führen.
- Ich will den Verirrten als guter Hirte nachgehen und sie zur Herde Christi zurückführen.
- Ich will für das Heil des Volkes unablässig zum allmächtigen Gott beten und das hohepriesterliche Amt untadelig ausüben.

Über 90 Prozent der deutschen Bischöfe, die bei der (vorerst) letzten Sitzung des Synodalen Wegs vom 9. bis 11. März 2023 in Frankfurt den Handlungstexten zugestimmt oder sich enthalten haben, haben ihr Weihegelöbnis gebrochen.

- Sie verraten das Evangelium.
- Sie geben das Glaubensgut nicht weiter
- Sie handeln gegen die Einheit der Kirche.
- Sie verlangen vom Papst die überlieferte Lehre der Kirche zu revidieren.

- Sie schützen das Volk Gottes nicht vor Irrtum und führen es nicht auf dem Weg des Heils.
- Sie gehen den Verirrten nicht nach und führen sie nicht zur Herde zurück.

Warum, so fragt man sich, wollen die Bischöfe die ihnen durch die Weihe übertragene göttliche Vollmacht aufgeben? Ein Bischof ist berufen *in persona Christi* zu handeln, dafür wird er feierlich nach uraltem Ritus geweiht. Das verleiht ihm echte Autorität, die ihn durchlässig macht für den Heiligen Geist. So wie Jesus den Willen seines Vaters getan hat, so soll der Bischof den Willen Jesu tun. Gewiss ist dieser Vollzug in der gefallenen Welt brüchig, aber er bleibt als Ideal bestehen.

Die durch die Weihe verliehene sakramentale Vollmacht kann nicht mit Laien geteilt werden, weder durch neue Institutionen noch durch einen freiwilligen Akt des Bischofs. Dies hat Rom im päpstlich autorisierten Schreiben vom 16. Januar unmissverständlich klargemacht. Die Teilung der Macht des Bischofsamtes mit Laiengremien säkularisiert das Amt. Selbst unter dem Aspekt weltlicher Demokratisierung ist es eine Irreführung, denn das Zentralkomitee der deutschen Katholiken (ZDK) und der Bund der Deutschen Katholischen Jugend (BDKJ, die sich durch notorische

> Über 90 Prozent der deutschen Bischöfe, die den Handlungstexten zugestimmt oder sich enthalten haben, haben ihr Weihegelöbnis gebrochen.

Agitation gegen das Lehramt auszeichnen, sind nicht demokratisch gewählt.

Wollen die Bischöfe ihre Vollmacht aufgeben und ihre Macht teilen, weil sie nicht mehr allein im Sturm stehen, sondern ihre Verantwortung an Gremienbeschlüsse abgeben wollen? Die deutsche Sprache hat dafür eine vielsagende Wendung: sich aus der Verantwortung stehlen. Wer bestohlen wird, ist das gläubige Volk, das Hirten braucht, die es vor den Wölfen schützen.

Abschied vom christlichen Menschenbild

Im Einzelnen analysiert werden sollen die Handlungstexte „Neubewertung der Homosexualität" (NH), „Leben in gelingenden Beziehungen – Liebe leben in Sexualität und Partnerschaft" (LSP) unter Berücksichtigung des „Grundlagentextes" (GT), „Segensfeiern für Paare, die sich lieben" (SF) und „Umgang mit geschlechtlicher Vielfalt" (UV).[4] In ihnen geht es um die entscheidenden Fragen christlicher Anthropologie und Sexualmoral. Hier tobt der Kampf um den christlichen Glauben und die christliche Lebensführung, um Ehe und Familie und um die nächste Generation.

In der Präambel des Synodalen Wegs heißt es:

„Als Synodalversammlung gehen wir einen Weg der Umkehr und der Erneuerung. Wir stellen uns der Kritik und der berechtigten Anklage der Betroffenen von sexualisierter Gewalt, Machtmissbrauch und deren Vertuschung in der Kirche. Das Evangelium, Gottes Frohe Botschaft, wollen wir neu hören und verkünden – in Worten und Taten. So steht der Synodale Weg im Dienst der Evangelisierung. Es ist unverzichtbar, Schuld offen zu bekennen und auch die strukturellen Ursachen dieser Schuld aufzuarbeiten."

„Umkehr", „Erneuerung", „Evangelisierung", „Schuld offen bekennen", dies beschreibt den Weg der Reinigung, der allein einen Neubeginn ermöglicht. Aber da ist er schon, der Pferdefuß im zweiten Halbsatz: Es sollen „auch die strukturellen Ursachen dieser Schuld" aufgearbeitet werden.

In der Präambel zum Handlungstext „Leben in gelingenden Beziehungen – Liebe leben in Sexualität und Partnerschaft" (LSP) wird gesagt, die Sexuallehre der Kirche sei zwar für die unerträgli-

Die Revision der Sexuallehre der Kirche ist das zentrale Anliegen des Synodalen Weges.

chen Akte sexualisierter Gewalt nicht unmittelbar ursächlich. „Gleichwohl bildet sie einen normativen Hintergrund, der solche Taten offensichtlich hat begünstigen können." Wenn also die Sexuallehre der Kirche „offensichtlich" die sexualisierte Gewalt begünstigt, dann folgt daraus, dass sie geändert werden muss, oder in der Formulierung der Synodalen, dass „die Notwendigkeit einer Veränderung der kirchlichen Lehre in Bezug auf Partner*innenschaft und Sexualität" besteht.

Wer den Synodalen Weg, den unsäglichen Druck auf kirchentreue Bischöfe und Laien, die Texte und die Diskussionen mitverfolgt hat, weiß: Die Revision der Sexuallehre der Kirche ist das zentrale Anliegen des Synodalen Weges. Denn wenn es die Sexuallehre der Kirche ist, die den Missbrauch überhaupt erst hervorgerufen hat, dann müssen nicht primär die Täter, sondern die katholische Sexuallehre vor Gericht gestellt werden mit dem Ziel, sie über Bord zu werfen.

Im Gundtext „Leben in gelingenden Beziehungen – Grundlinien einer erneuerten Sexualethik" heißt es: „Wir verpflichten uns, jede*r in ihrer*seiner Verantwortung, unter Beachtung der Erkenntnisse der Humanwissenschaften und in Treue zur Botschaft Jesu von der Liebe Gottes zu allen Menschen für eine Veränderung der Lehre und der Praxis der Kirche im Umgang mit menschlicher Sexualität Sorge zu tragen."

Zwar erhielt dieser Grundtext nicht die erforderliche Zweidrittelmehrheit der Bischöfe, was zu Beschimpfungen und tränenreichem Protest vor laufender Kamera führte, aber er zeigt, wohin die Reise gehen soll.

Ein naiver Geist würde sagen: Wenn die Sexuallehre der Kirche eingehalten worden wäre, dann gäbe es keinen sexuellen Missbrauch. Sex nur in der Ehe zwischen Mann und Frau. Um diesen geradlinigen Gedanken außer Kraft zu setzen, haben 208 Synodale drei Jahre lang getagt, Millionen Kirchensteuergelder verbrannt, gestritten, geweint, manipuliert, übertölpelt, geschwiegen und einer Flut schwindelerregender Papiere zugestimmt, welche die Kirche „erneuern" sollen, sie aber in Wahrheit den Mächten dieser Welt vollständig ausliefern. Sie machen damit die Kirche überflüssig und führen die restlichen Gläubigen, denen die geistliche Heimat genommen wurde, in die Irre. Wirkt so der Heilige Geist?

Nein, so kann er nicht wirken, denn nur wer Jesus liebt und *deswegen* seine Gebote hält, kann den Geist der Wahrheit empfangen. (s. Joh 14,15-24)

Die Sexuallehre der Kirche muss nach Meinung der Synodalen noch aus einem weiteren Grund geändert werden, nämlich wegen der „Diskrepanz zur Lebenswelt der Gläubigen". „Insbesondere die Lehre, die den Geschlechtsverkehr nur im Rahmen einer rechtmäßigen Ehe und nur in der ständigen Offenheit zur Zeugung von Nachkommen für ethisch legitim erachtet, hat zu einem weitgehenden Bruch zwischen Lehramt und Gläubigen geführt."

Dieser Bruch soll nun aufgehoben werden, indem die Kirche die hypersexualisierte Lebenswelt der (Un)gläubigen wortreich legitimiert und die Ideologien übernimmt, welche die christliche Anthropologie an der Wurzel bekämpfen. Dass die Nachfolge Jesu zu allen Zeiten zu einem Bruch mit der Welt führt (vgl. Joh 15,18-19) und deswegen Millionen Menschen ihr Leben für Jesus hingegeben haben, das will die Mehrheit der Hirten, die Eigentum der Welt geworden sind, nicht mehr wahrhaben und verkünden.

Davor hat Benedikt XVI. in seiner „Konzerthausrede" in Freiburg am 25. September 2011 gewarnt:

„Um ihrem eigentlichen Auftrag zu genügen, muss die Kirche immer wieder die Anstrengung unternehmen, sich von dieser ihrer Verweltlichung zu lösen und wieder offen auf Gott hin zu werden. Sie folgt damit den Worten Jesu: ‚Sie sind nicht von der Welt, wie auch ich nicht von der Welt bin', (Joh 17,16), und gerade so gibt er sich der Welt."

Papst Benedikt XVI. sagt nichts anderes, als was er bereits 65 Jahre vorher gesagt hat:

„Es wird der Kirche auf die Dauer nicht erspart bleiben, Stück um Stück von dem Schein ihrer Deckung mit der Welt abbauen zu müssen und wieder das zu werden, was sie ist: Gemeinschaft der Glaubenden. Tatsächlich wird ihre missionarische Kraft durch solche äußere Verluste nur wachsen können: Nur wenn sie aufhört, eine billige Selbstverständlichkeit zu sein, nur

wenn sie anfängt, sich selber wieder als das darzustellen, was sie ist, wird sie das Ohr der neuen Heiden mit ihrer Botschaft wieder zu erreichen vermögen, die sich bisher noch in der Illusion gefallen können, als wären sie gar keine Heiden... So wird sich über kurz oder lang mit dem oder gegen den Willen der Kirche nach dem inneren Strukturwandel auch ein äußerer, zum pusillus grex, zur kleinen Herde vollziehen."[5]

Aber seine Mitbrüder im Bischofsamt wollten ihn nicht hören. Zwölf Jahre sind vergangen bis zur offensiven, vollständigen Verweltlichung der Kirche durch den Synodalen Weg.

Begründungsfolie für den Bruch mit dem Lehramt sind zum einen umstrittene „Erkenntnisse der Theologie" wie jene des Theologen Magnus Striet. Für ihn ist die Würde des Menschen in seiner subjektiven Willensfreiheit begründet. Sie wird von ihm nicht als Gabe Gottes begriffen, „da dieser Gott dann immer am Grund der Freiheit wirksam bliebe". Eine solche Abhängigkeit von Gott, kommt für Striet nicht in Frage.[6] Zum anderen wird der Bruch mit dem Verweis auf die nicht näher bestimmten „Humanwissenschaften" begründet. Es wird unterstellt, die Humanwissenschaften seien zu einem Konsensus gelangt, wie die Identität und Sexualität des Menschen einzuschätzen seien. Davon kann keine Rede sein. Wissenschaftlicher Diskurs lebt von Uneinigkeit, genau dadurch kommt es zu wissenschaftlichem Fortschritt. Der Synodale Weg hat von Anfang an selektiv das als „humanwissenschaftlich gesichert" bezeichnet, was für die Begründung für den Bruch mit dem christlichen Menschenbild und der katholischen Sexualmoral zweckdienlich war.

Zwei Fragen drängen sich auf: Haben die Humanwissenschaften Erkenntnisse zu Tage gebracht, die dem Schöpfer des Himmels und der Erde entgangen sind? Sollte der heilige Paulus die praktizierte Homosexualität seiner Zeit nicht richtig wahrgenommen haben?[7] Können die Humanwissenschaften ethische Kriterien liefern, wie der Mensch seine von Gott gegebene Willensfreiheit einsetzen muss, um das Gute zu wählen und das Böse zu meiden? Dafür haben Christen bisher den Maßstab in der Bibel und den darin offenbarten Weisungen Gottes gefunden. Für die Synodalen gelten sie nicht mehr.

Neubewertung der Homosexualität

Worin besteht die „Umkehr", zu welcher der Synodale Weg aufruft? In einem Satz: Was als Sünde galt, soll Sünde nicht mehr sein. Der Begriff Sünde hat ausgedient, der Begriff Tugend kommt nicht vor. Damit wird die zentrale Aufgabe der Kirche aufgegeben.

Die Kirche wurde von Christus gegründet, um den Menschen zum ewigen Heil zu führen. Sie muss ihn deswegen darüber belehren, was von Gott trennt. Das wird mit dem Begriff Sünde bezeichnet. Für eine Welt, die Gott nicht mehr kennt, ist der Begriff Sünde eine Provokation. Seit der Ablehnung der Enzyklika Humanae Vitae 1968 scheut sich die Kirche, die Sexualmoral zu verkünden. Nun entschuldigt sie sich dafür, dass sie praktizierte Sexualität außerhalb der Ehe von Mann und Frau, insbesondere praktizierte Homosexualität, als Sünde bezeichnet hat und damit den Betroffenen „Leid zugefügt und sie in ihrer Würde verletzt hat" (NH).

Was als fragloser Konsens der Humanwissenschaften dargestellt wird, ist in Wirklichkeit das Ergebnis eines jahrzehntelangen zielgerichteten Kulturkampfes und Propaganda-Feldzuges. Im Jahre 1989 veröffentlichten die homosexuellen Harvard-Absolventen Marshall Kirk und Hunter

Madsen das Buch „After the Ball. How America will conquer its fear & hatred of Gays in the 90's". Darin beschreiben sie die medialen Propagandamethoden, mit denen sie dies erreichen wollten und erreicht haben. Der Widerstand der katholischen Kirche war am schwersten zu besiegen. Nach einem halben Jahrhundert des Dauerbeschusses hat die Kirche die Agenda ihrer Feinde übernommen.

Im Handlungstext „Neubewertung der Homosexualität" werden selbst unter den Kriterien der Humanwissenschaften unhaltbare Behauptungen aufgestellt, aus denen dann ethische Schlüsse gezogen werden:

- Die sexuelle Orientierung ist nicht veränderbar.
- Die sexuelle Orientierung gehört zum Menschen, wie er*sie von Gott geschaffen ist. Sie ist deswegen „ethisch nicht anders zu beurteilen als die heterosexuelle Orientierung". Sie ist keine Sünde. Die katholische Lehre, wie sie im Katechismus niedergelegt ist, muss revidiert werden.
- Genitale Sexualität orientiert sich an „der Achtung der Würde und der Selbstbestimmung, der Liebe und der Treue, der Verantwortung füreinander sowie den je spezi-

fischen Dimensionen von Fruchtbarkeit. Sie vollzieht sich in Beziehungen, die auf Ausschließlichkeit und auf Dauer angelegt sind. Gleichgeschlechtliche – auch in sexuellen Akten verwirklichte – Sexualität ist damit keine Sünde, die von Gott trennt, und sie ist nicht als in sich schlecht zu beurteilen. Sie ist vielmehr an der Verwirklichung der genannten Werte zu messen."
- Konversionstherapien verbieten sich, weil sie – in Übereinstimmung mit der deutschen Gesetzgebung von 2020 – als Diskriminierung und Manipulation eingestuft werden.
- Segenshandlungen sollen trotz der abschlägigen Beurteilung der Glaubenskongregation vom 15. März 2021 durchgeführt werden, um nicht nur „die liebenden Paare" zu stärken, sondern auch ihre „Angehörigen und Freund:innen" (LSP).
- Keiner Person darf der Empfang der Sakramente – insbesondere des Weihesakraments – verwehrt werden oder irgendwelche beruflichen Nachteile erwachsen, weil er homosexuell (oder transsexuell, s. u.) ist.
- Homosexualität ist kein Risikofaktor für sexuellen Missbrauch.

Es ist hier nicht der Ort, die wissenschaftliche Diskussion über die Unhaltbarkeit dieser Behauptungen zu führen.[8] Nur so viel sei gesagt:

- Humanwissenschaften können Tatsachen feststellen, aber keine moralische Orientierung geben.
- Bisher sind alle Versuche, Homosexualität genetisch herzuleiten, wissenschaftlich gescheitert. Die Herausbildung der sexuellen Identität und Orientierung ist ein komplexer psychischer Prozess, der zu Persönlichkeitsstrukturen führen kann, welche „gelingendes Leben" ermöglichen oder verhindern – das Arbeitsfeld des ständig wachsenden Heers der Psychotherapeuten.
- Der Lebensstil von Homosexuellen ist statistisch überwiegend promiskuitiv mit überdurchschnittlich hohen Gesundheitsrisiken. Weniger als 10 Prozent homosexueller Paare machen von der ehelichen Legalisierung ihrer in der Regel „offenen" Paarbeziehung Gebrauch. Auf Grund der obengenannten Kriterien für genitale Sexualität beliebiger Orientierung müsste die Kirche die Eheschließung gleichgeschlechtlicher Paare geradezu einfordern und alle Konsequenzen wie künstliche Reproduktion und Leihmut-

terschaft in Kauf nehmen. Damit würde sie sich von der christlichen Bioethik gänzlich verabschieden.
- Therapeutische Hilfe bei unerwünschter sexueller Identität und Orientierung gesetzlich zu verbieten, ist ein schwerer Verstoß gegen das Freiheitsrecht des Klienten und gegen die ethische Verpflichtung des Therapeuten, seine Arbeit am Therapieziel des Klienten auszurichten. Affirmative Therapie stellt ein mögliches Ergebnis des therapeutischen Prozesses an den Anfang und hebt somit den Sinn therapeutischer Tiefenschürfung auf.

Therapeutische Hilfe bei unerwünschter sexueller Identität und Orientierung gesetzlich zu verbieten, ist ein schwerer Verstoß gegen das Freiheitsrecht des Klienten.

- Sexualität ist ein Teil des Menschen, wie er von Gott als Mann und Frau geschaffen und zur Fortpflanzung berufen ist. Diese Leben erhaltende Kraft bedarf ethischer Kriterien und der charakterlichen Erziehung zu Tu-

genden, um die Sehnsucht des Menschen nach tragfähiger Liebe zu erfüllen und den Bedürfnissen von Kindern, die aus dem sexuellen Akt hervorgehen, gerecht zu werden.
- Priester dürfen nicht segnen, was den Geboten Gottes widerspricht. Sie verfälschen damit ihren Auftrag, den Menschen von der Sünde weg und zu Gott hinzuführen. Für das Linsengericht von Akzeptanz in der Welt verkaufen sie das Erstgeburtsrecht der Gotteskindschaft.
- Menschen mit unerwünschten sexuellen Neigungen, die unter großen Opfern den Geboten Gottes treu sein wollen, werden von der Kirche fallengelassen. Zeugen für die Veränderbarkeit der homosexuellen Neigung werden von der LGBTQ-Lobby zum Schweigen gebracht und verfolgt. Ebenso bleiben die Angehörigen von homosexuell empfindenden Menschen, die den Geboten Gottes treu sein und die Liebe ihres Angehörigen nicht verlieren wollen, ohne geistliche Hilfe. Sie bedürfen einer Seelsorge, in der Barmherzigkeit in der Wahrheit geübt wird. Nicht der Sünder ist das Problem, denn alle sind Sünder, sondern die Sünde. Jede Person wird von Gott geliebt und ist in der Kirche willkommen, um auf dem Weg zu Gott geist-

liche und menschliche Hilfe zu empfangen. Wer jedoch die Sünde bejaht, versperrt dem Suchenden den Weg zum ewigen Heil.[9]
- Die Behauptung, Homosexualität sei kein Risikofaktor für sexuellen Missbrauch, wird von den Fakten widerlegt. Etwa 80 Prozent des sexuellen Missbrauchs wurden von Priestern an jungen Männern verübt, wie auch die MHG-Studie ergeben hat.[10]

Bereits vor den Schlussabstimmungen des Synodalen Wegs im März 2023 hatte die Reform des kirchlichen Arbeitsrechts die Neubewertung von Homo- und Transsexualität umgesetzt. Jene 800.000 hauptberuflichen Mitarbeiter in den Ordinariaten dürfen leben, wie sie wollen: schwul, lesbisch, transgender oder non-binär, verheiratet oder unverheiratet. 100 kirchliche Mitarbeiter, die der normativen Heterosexualität abhold sind, hatten im Vorfeld dieses Beschlusses dafür Kampagne gemacht und sich in #OutInChurch geoutet – ohne Konsequenzen des Arbeitsgebers, versteht sich.

Wie soll ein armer Bischof noch seinem Herrn, Jesus Christus, treu bleiben können mit Tausenden von Mitarbeitern, von denen nicht verlangt wird, nach den Geboten Gottes zu leben? Aber die Bischöfe selbst sind es, die sich über Jahrzehnte in diese Situation gebracht haben. Immer wieder entschied sich die Mehrheit für das Schweigen, machte opportune Abstriche an der Wahrheit, um nicht ins Feuer der Kritik zu geraten, sei es von den Medien, den eigenen Mitarbeitern oder den kirchensteuerfinanzierten Laienorganisationen. Nun streichen sie die Segel, in welche der Heilige Geist blasen könnte, vollends: Entgegen den verbindlichen Weisungen des Lehramts darf praktizierte Homosexualität kein Weihehindernis mehr darstellen.

Schall und Rauch ist dem Synodalen Weg die „Instruktion über Kriterien zur Berufungsklärung von Personen mit homosexuellen Tendenzen im Hinblick auf ihre Zulassung für das Priesteramt und zu den heiligen Weihen", welche Papst Benedikt XVI. bereits 2005, im ersten Jahr nach seiner Wahl, erlassen hat. Darin heißt es:

„Im Licht dieser Lehre hält es dieses Dikasterium im Einverständnis mit der Kongregation für den Gottesdienst und die Sakramentenordnung für notwendig, mit aller Klarheit festzustellen, dass die Kirche bei aller Achtung der betroffenen Personen jene nicht für das Priesterseminar und zu den heiligen Weihen zulassen kann, die Homosexualität praktizieren, tief sitzende homosexuelle Tendenzen haben oder eine sogenannte homosexuelle Kultur unterstützen."

Hätten sich die Kardinäle, Bischöfe, Regenten der Priesterseminare und Priester daran gehalten, gäbe es den Großteil der Opfer des sexuellen Missbrauchs nicht. Aber stattdessen ist die Kirche auf allen Ebenen mit homosexuellen Netzwerken und Seilschaften durchzogen. Der Anteil der Homosexuellen unter den Priestern ist um ein Vielfaches höher als im Durchschnitt der Bevölkerung. Nach seriösen Schätzungen beträgt er mindestens 20 Prozent. Im Gutachten der Rechtsanwälte Westphal, Spilker, Wastl zum Thema „Sexueller Missbrauch Minderjähriger und erwachsener Schutzbefohlener durch Kleriker sowie hauptamtliche Bedienstete im Bereich der Erzdiözese München und Freising von 1945 bis 2019" ist zu lesen: (S. 425)

„Mit dem gebotenen Nachdruck ist an dieser Stelle festzuhalten, dass sich in einer namhaften Zahl der uns zur Überprüfung vorgelegten Unterlagen Anhaltspunkte und Belege für eine ausgeprägte Homosexualität, insbesondere von Priestern und nicht nur im Bereich der allgemeinen Seelsorge, ergeben haben. Hinzu treten deutlichste Zeichen dafür, dass dergestalt sexuell orientierte Personen besonders enge Kontakte pflegten, sodass der Eindruck eng geknüpfter Netzwerke entsteht, die bis hin zu herausgehobenen Positionen in der Hierarchie des Ordinariats unterhalten wurden."

Das Gutachten spricht weiter von „wechselseitigem Erpressungspotential". Die Netzwerke innerhalb des Klerus würden

> *„nachhaltig eigene Ziele um des beruflichen Fortkommens willen verfolgen ... Sie müssen als eine wesentliche Mitursache für die ohne jeden Zweifel vorherrschenden Vertuschungstendenzen auch in die vorliegende Bewertung einbezogen werden. Hinzu tritt, dass eine wünschenswerte Kultur der Aufrichtigkeit und Offenheit über den gesamten von den Gutachtern untersuchten Zeitraum auch dadurch massiv verhindert wurde, dass in Fällen erkannter manifestierter und auch praktizierter Homosexualität diese hingenommen und somit entgegen eindeutigem Postulat toleriert wurde." (S. 424f)*

Sie wurde nicht nur hingenommen und toleriert und vertuscht, sondern es wird in den Handlungstexten, der infame und jeder Logik entbehrende Versuch unternommen, die katholische Sexualmoral für den Missbrauch verantwortlich zu machen.

> *„Die aus der bisherigen Sexuallehre der Kirche entstandene Tabuisierung und Angstbesetztheit des Themas Sexualität im Allgemeinen und Homosexualität im Speziellen sind systemische Ursachen der Missbrauchsverbrechen in der Kirche, da in vielen Fällen*

dadurch die Entwicklung einer reifen Sexualität behindert oder sogar verunmöglicht wird." (NH)

Aber nicht die Angleichung an die Welt, die keine sexuellen Schranken mehr kennt, führt zu reifer Sexualität, sondern die Antwort auf den hohen Ruf Gottes zur liebenden Ganzhingabe und Fruchtbarkeit. Denn die Ehe ist das irdische Spiegelbild der Ganzhingabe Jesu an seine Braut, die Kirche. (vgl. Eph 5,31-32)

Es wird in den Handlungstexten, der infame und jeder Logik entbehrende Versuch unternommen, die katholische Sexualmoral für den Missbrauch verantwortlich zu machen.

Es ist ein Ruf auf den Höhenweg der Liebe, welcher der geistlichen Praxis bedarf, um der Gnade Gottes teilhaftig zu werden. Diesen Ruf Gottes vernehmbar zu machen und den Weg begehbar, ist Aufgabe der Kirche in einer Welt, die in einem halben Jahrhundert alle moralischen Normen umgestürzt hat. Die Kirche besitzt die Antwort auf das unsägliche Leid, das durch die zerbrochenen Ehen und Familien über die Menschen gebracht wird: die Erziehung zur Tugend der Keuschheit, um fähig zu werden, in ehelicher Bindung Kindern die Heimstatt zu geben, die sie brauchen, um zu liebenden, leistungsfähigen Erwachsenen zu werden.

Aber seit der bischöflichen Zurückweisung der Enzyklika „Humanae vitae – Über die rechte Ordnung der Weitergabe des Lebens" von 1968 wagt kaum noch ein Priester über Sexualmoral zu predigen. Er soll die Menschen zum ewigen Heil führen, darum muss er ihnen sagen, was sie vom Heil ausschließt. Die biblische Aussage ist eindeutig: „Weder Unzüchtige noch Götzendiener, weder Ehebrecher noch Lustknaben noch Knabenschänder . . . werden das Reich Gottes erben." (1 Kor 6,9-10). Wenn es ein Priester doch tut, dann riskiert er seine priesterliche und bürgerliche Existenz. Die Verkündigung des ganzen Evangeliums – sie ist angstbesetzt. Die Bischöfe zittern vor den Medien und die Priester zittern vor den Bischöfen und dem liberalen Kirchenvolk, das sie bei den Bischöfen anschwärzt. Dass der Bischof sie verteidigt, damit können sie nicht mehr rechnen. Welche Enttäuschung, welche Not für einen Priester, wenn er für sein mutiges Bekenntnis von seinem Bischof, dem er die Treue versprochen hat, fallengelassen wird.

Hat man einmal praktizierte Homosexualität für gut erklärt, dann ist der Ort der Sexualität in der Schöpfungsordnung aufgegeben, nämlich die Fortpflanzung und das Ein-Fleisch-Werden von Mann und Frau in der lebenslangen ehelichen Bindung. Damit ist das Tor zur Rechtfertigung jeder Art von sexueller Sünde geöffnet. Was spricht gegen Polygamie, die sexuelle Gemeinschaft von mehr als zwei Menschen beliebigen Geschlechts, die „Verantwortung füreinander übernehmen"? Für wie lange? Was bedeutet diese hohle Phrase?

Wenn praktizierte Homosexualität keine Sünde ist und von der Kirche gesegnet werden muss, was spricht dann gegen die sakramentale Ehe von gleichgeschlechtlichen Paaren, „die sich lieben"? Wäre es nicht Diskriminierung und eine Verletzung von Menschenrechten, diese zu verweigern? Mit diesem Argument wurde aus der Legalisierung der Lebenspartnerschaft 2001 die „Ehe für alle" im Jahr 2017.

Die Anerkennung „geschlechtlicher Vielfalt"

Der Handlungstext „Umgang mit geschlechtlicher Vielfalt" ist eine leicht abgespeckte Version des Grundtextes zum selben Thema. Der Münsteraner Weihbischof Stefan Zekorn erklärte, er könne nicht einem Text zustimmen, „der praktisch komplett auf der Gendertheorie beruht". Alles, was für Katholiken bisher ein No Go war, soll revidiert werden: „Die ausnahmslose Verurteilung sogenannter künstlicher Methoden der Empfängnisverhütung sowie der Masturbation, der gleichgeschlechtlichen Sexualität oder der Sexualität zwischen unverheirateten Personen oder nach Scheidung und erneuter ziviler Heirat sowie die Anerkennung [muss heißen: die Nicht-Anerkennung, Anm. der Autorin] der Existenz von Geschlechteridentitäten jenseits der Binarität ‚männlich' und ‚weiblich'." Masturbation, „die selbststimulierte lustvolle Erfahrung des eigenen Körpers" wird allen Menschen als „wichtiger Baustein der Annahme ihrer selbst" empfohlen. (GT)

Mehr als Zweidrittel der Bischöfe Deutschlands stimmten dem Text zu und machten sich damit die vollständige Auflösung der katholischen Sexualmoral und den Kampf für die Auflösung der binären Geschlechtsstruktur des Menschen zu eigen. Nur 7 Bischöfe stimmten mit Nein, 13 Bischöfe enthielten sich bei dieser entscheidenden anthropologischen Frage der Stimme. Dem Papst wird empfohlen, „sich als Kirche explizit von Ansichten zu distanzieren, die Inter- und Transgeschlechtlichkeit als krankhafte, negative oder gar sündhaft angesehene Abweichung darstellen". Eine „normativ naturrechtspositivistische Geschlechteranthropologie, vor allem deren Rekurs auf Gen. 1,27" sei auf den Prüfstand zu stellen. (UV) Was auf der ersten Seite der Bibel steht und was 99,99 Prozent der Menschen als zutreffend erfahren, soll nicht mehr gelten.

Der Begriff „naturrechtspositivistisch" zeigt die verqueere Argumentation, denn er ist durch die Verkoppelung zweier sich ausschließender Begriffe ein Oxymoron, ein rundes Quadrat: Naturrecht meint, dass es universale, für jeden Menschen gültige Prinzipien gibt, aus denen sich das Recht ableitet, während positives Recht vom Menschen gesetzt wird und je nach den Machtverhältnissen geändert werden kann. Man schäme sich schon beinahe das Wort Naturrecht zu benutzen, sagte Benedikt XVI. in seiner Rede im Bundestag 2011, in welcher er die Verabsolutierung des positivistischen Konzepts von Natur und Vernunft als eine Bedrohung der Menschlichkeit aufzeigte.

Womit begründen die Synodalen ihre Befürwortung beliebiger geschlechtlicher Vielfalt zwischen Mann und Frau? Zunächst bedienen sie sich eines Tricks: Sie werfen Transsexualität und Intersexualität in einen Topf. Transsexualität bedeutet, dass ein Mensch mit eindeutigen biologischen Geschlechtsmerkmalen meint, sein Geist sei im falschen Körper gefangen – eine zutiefst gnostische Vorstellung. Er oder sie unternimmt es deswegen, die hardware zu ändern und nicht die software, den Körper, anstatt Geist und Psyche. Es ist, als würde man den Computer an die Wand werfen, wenn das Programm nicht funktioniert.

Als Intersexualität wird die äußerst seltene biologische Uneindeutigkeit der Geschlechtsmerkmale bezeichnet. Das eine ist eine Willensentscheidung, das andere eine biologische Fehlbildung. Beides bedarf völlig unterschiedlicher therapeutisch-medizinischer Hilfen. Intersexuelle werden instrumentalisiert, um die Geschlechtspolarität zu verflüssigen („gender fluidity" ist der neu erfundene Begriff) – das erklärte Ziel der Gender-Ideologie, wie es im Titel des Grundlagenwerks von Judith Butler bereits 1990 offen ausgesprochen wurde: „Gender Trouble, Feminism and the Subversion of Identity".

Eine neue Definition von Geschlecht wird von den Synodalen eingeführt, nämlich das „hormonelle Geschlecht", welches nicht „typologisch binär" sei, weil Sexualhormone in „als männlich oder weiblich *wahrgenommenen* [Hervorhebung von der Autorin] Körpern in unterschiedlicher Konzentrationswerten auftreten". Das eröffnet Spielraum für Diversität, denn alle haben männliche und weibliche Anteile.

Falsches Mitleid

Als Hauptmotiv für die vorbehaltlose Annahme geschlechtlicher Vielfalt wird immer wieder das Leid der Betroffenen angeführt. „Unterstellungen" wie jene, dass der Geschlechterdualismus in der menschlichen Natur verankert sei, gelte es aufzulösen, denn

> *„sie verursachen und vertiefen Leid und tragen für manche sogar nachhaltig dazu bei, die Voraussetzung für eine liebende Gottes- und Selbstbeziehung zu beeinträchtigen … Sie legitimieren und befördern Ausgrenzung, Gewalt und Verfolgung, vor denen die Kirche eigentlich schützen sollte … Dies setzt sie in kirchlichen Räumen verstärkt missbräuchlichen Täterstrategien aus, die oftmals auf besonders verletzliche Menschen abzielen … Ihre prekäre Stellung führt zu Minderheitenstress, der nachweislich das Risiko physischer und psychischer Erkrankung wie etwa Depression erhöht. Die Suizidalität ist bei trans- und intergeschlechtlichen Personen signifikant erhöht."* (UV)

Diese Sätze sind manipulative, ideologische Irreführungen. Unserer Zeit ist es vorbehalten, durch eine Ideologie, welche die gesamte Gesellschaft durchsäuert hat, an der Geschlechterdualität zu rütteln und auf diese Weise die anthropologischen Grundlagen von Ehe und Familie ins Wanken zu bringen. Das Problem des Missbrauchs ist nicht, dass homosexuelle und transsexuelle Knaben Priester zum sexuellen Missbrauch verführt haben, sondern dass (überwiegend) homosexuelle Priester sich über gutgläubige Knaben hergemacht haben. Die propagandistische Mär, dass alle psychischen und sozialen Probleme der Homosexualität und Transsexualität ihre Ursache in der Nicht-Akzeptanz der Gesellschaft haben, wird bruchlos übernommen. Ohne explizit die Kausalität zwischen „Minderheitenstress" und Suizid zu behaupten, wird sie insinuiert.

Tatsächlich ist die Selbstmordrate bei Menschen, die ihr Geschlecht operativ umwandeln ließen, 19-mal höher als im Bevölkerungsdurchschnitt.[11] Zuerst wird die Transition als Befreiung empfunden, dann kommen die untergründigen Probleme zum Vorschein, die überhaupt zur Geschlechtsdysphorie geführt haben. Nun aber steht die Person vor den schlimmen, unwiderruflichen Konsequenzen der versuchten Geschlechtsumwandlung.

Sind den Synodalen die erschütternden Zeugnisse von jungen Menschen gänzlich unbekannt, die bereuen, dass sie sich ihre Brüste oder ihren Penis abschneiden ließen, oder sich durch pubertätsblockierende Hormone lebenslang unfruchtbar gemacht und ihre Gesundheit schweren Risiken ausgesetzt haben? Bereits Ende Juli 2022 wurde bekannt, dass die Geschlechtsumwandlungsklinik Travistock in England schließen musste. Gegen deren verantwortungslose Schnelldiagnosen und Verstümmelung gesunder Teenager klagen inzwischen 1000 Opfer. Sie stellten fest, dass die Transition ihre Persönlichkeitsprobleme, welche die tiefere Ursache der Störung ihrer Geschlechtsidentität waren, nicht lösen konnten. Elon Musk, der nicht fürchten muss, dass sein Twitter-Account gelöscht wird, twitterte deutliche Worte: „Jeder Elternteil oder Arzt, der ein Kind sterilisiert, bevor es ein Erwachsener ist und einwilligen kann, sollte lebenslang ins Gefängnis."[12]

Nicht nur die Jugendlichen werden durch Geschlechtsumwandlung traumatisiert, sondern auch deren Eltern. Sie werden von Medizinern und Therapeuten mit der Aussage erpresst, entweder Zustimmung zur Geschlechtsumwandlung oder Suizid ihres Kindes. Auch die Geschwister und das gesamte Familiensystem werden in unauflösliche Konflikte gestürzt, sind ratlos und orientierungslos und werden bis in die Grundfesten erschüttert – über Generationen hinweg.[13]

Ja, die Kirche soll sich der Ausgegrenzten und Diskriminierten annehmen. Aber wer sind heute die Ausgegrenzten und Diskriminierten? Sind es die Homosexuellen, die ihre sexuellen Vorlieben auf Märschen durch die Hauptstädte der westlichen Welt öffentlich zur Schau stellen? Deren Flagge mit dem missbrauchten Logo des Regenbogens (1 Gen 9,13-16) über öffentlichen Gebäuden flattert, ja sogar in der Heiligen Messe eines bayerischen Kardinals die Altarstufen bedeckt? Oder sind es jene homosexuell empfindenden Menschen, die unter großen Kämpfen nach den Geboten Gottes leben wollen; oder jene, die aus dem öffentlichen Diskurs ausgegrenzt, mit Geld- und Gefängnisstrafen verfolgt werden, ihre berufliche Existenz verlieren und deren Accounts im Internet gelöscht werden, wenn sie ihre Sichtweisen oder auch nur wissenschaftliche Erkenntnisse verbreiten, welche der LGBTIQ-Agenda nicht genehm sind? Oder jene Christen, Priester und Bischöfe, die von den Medien gejagt werden, wenn sie an den biblischen Geboten festhalten und sich nicht korrumpieren lassen?

Notwendiges Mitleid

Warum schlägt sich die Kirche auf die Seite von kleinen und kleinsten Minderheiten und lässt das Leid der Massen von Opfern der sexuellen Revolution außer Acht, etwa der Millionen von Scheidungskindern?

Warum schlägt sich die Kirche auf die Seite von kleinen und kleinsten Minderheiten und lässt das Leid der Massen von Opfern der sexuellen Revolution außer Acht, etwa der millionen von Scheidungskindern.

Warum steht die Kirche nicht mit dem Licht ihrer Lehre an der Seite von Ehe und Familie, dem immer noch bevorzugten Lebensmodell der Mehrheit der Gesellschaft?

Warum kämpft die Kirche nicht für das Lebensrecht der Ungeborenen, anstatt passiv zuzuschauen, wie Millionen von Kindern im Mutterleib zerstückelt werden?

Warum steht die Kirche nicht kompromisslos gegen die hormonalen und operativen Geschlechtsumwandlungen von unmündigen Jugendlichen auf, deren Leben und Gesundheit dadurch schwerster Schaden zugefügt wird?

Warum setzt die Kirche sich nicht entschieden für das Recht der Alten auf den natürlichen Tod ein? Wer soll die Alten schützen, wenn der assistierte Suizid angesichts des schleichenden demographischen Selbstmords der westlichen Welt zur „Tugend" erklärt wird, wenn nicht die Kirche?

Warum kämpft die Kirche nicht gegen die staatliche Zwangssexualisierung der Kinder ab dem Kindergarten, anstatt diese in „katholischen" Kindergärten und Schulen selbst zu betreiben?

Zum letzten Punkt ein paar wenige Anmerkungen: Jede Revolution, die den neuen Menschen schaffen will, bemächtigt sich der Kinder, so auch die sexuelle Revolution. Das Konzept der Sexualerziehung wurde in den 1970er Jahren von dem homosexuellen Kinderschänder Professor Helmut Kentler entwickelt und von seinem Ziehsohn Professor Uwe Sielert über das Institut für Sexualpädagogik flächendeckend in Kindergärten und Schulen etabliert. Eltern, die bei der Kirche

Unterstützung suchten, wurden und werden im Regen stehengelassen.

Mittlerweile ist aus der jahrzehntelangen passiven Duldung der Kentler/Sielert-Agenda aktive Durchsetzung geworden. Bischof Bätzing hat im Bistum Limburg „sexualpädagogische Leitlinien für kirchliche Einrichtungen" erlassen, die von Holger Dörnemann, Religions- und Sexualpädagoge und LSBTI-Beauftragter des Bistums Limburg, formuliert wurden. Er meint: „Ein Mangel an sexueller Reife und qualifizierter Bildung sind Risikofaktoren für sexualisierte Gewalt und Grenzverletzung."[14] Deswegen sollen Kinder in den KiTas dazu angeleitet werden, „selbstkompetent" über die „positive Lebenskraft Sexualität" zu verfügen. Im Klartext heißt das: Zeigt ihnen, wie man masturbiert und gebt ihnen abgeschirmte Kuschelecken zum sexuellen Kompetenzerwerb. Das führt zu einer ganz neuen Tätergruppe von sexuellem Missbrauch: Sechsjährige, die Vierjährige zu sexuellen Handlungen nötigen. Derartige Präventionsprogramme dienen nicht der Prävention, sondern dem „Grooming" von Kindern, dem Gefügigmachen für sexuellen Missbrauch.

Warum wendet die Kirche ihre Barmherzigkeit nicht den Millionen von Kindern und Jugendlichen zu, die depressiv sind und unter psychischen und physischen Störungen leiden, weil ihre Familien zerbrochen sind, sie als Kleinkinder von der Mutter getrennt und kollektiver Fremdbetreuung übergeben werden, in Kindergarten und Schule sexualisiert und den social media und der Pornographie ausgeliefert werden?

Verfolgung Rechtgläubiger?

Nein, die Kirche in Deutschland kämpft nicht für die Sache Jesu Christi, nicht für das ewige Heil der Menschen. Stattdessen macht sie Nägel mit Köpfen, um den Bruch mit der Welt zu überwinden. Das totalitäre Programm der Yogyakarta-Prinzipien, welche Schritt für Schritt in den westlichen Staaten auf allen Ebenen der Gesellschaft durchgesetzt werden, das soll nun auch in den kirchlichen Institutionen nach bewährtem kulturrevolutionären Handlungsplan verwirklicht werden.

Der Handlungstext „Umgang mit geschlechtlicher Vielfalt" fordert:

- In allen Diözesen sollen LSBTI*-Beauftragte eingesetzt werden.
- In Kirchengemeinden und katholischen Institutionen werden entsprechende Bildungsprogramme aufgelegt.
- Aus- und Fortbildungen für Priester, Seelsorger*innen und kirchliche Beschäftigte zum Thema geschlechtliche Vielfalt sollen deren Kompetenzen auf- und ausbauen.
- Therapeutische Hinterfragung unerwünschter sexueller Neigungen (sog. „Konversionstherapien") darf es für homo-, bi- und transgeschlechtliche Menschen nicht geben, weil

dadurch ihre „körperliche und psychische Integrität und Gesundheit sowie ihr Glaube und Gottvertrauen massiv gefährdet werden".[16]
- Transgeschlechtliche Gläubige dürfen ihren Geschlechtseintrag und Vornamen im Taufregister ändern.
- Die Sprache soll „geschlechtliche Vielfalt wertschätzen".
- Die Kirche wird „anwaltschaftlich und konkret gegen jede Form von Diskriminierung und Ausgrenzung in Kirche und Gesellschaft eintreten".

„Diskriminierung" ist es nach diesem Konzept, wenn die biblische Lehre über Sexualität verkündet wird. Das Problem dabei ist, dass Gott „diskriminiert". Er, nicht der Mensch, setzt die Bedingungen für das gute Leben auf der Erde und den Einlass in den Himmel, und er hat diese Bedingungen klar offenbart. Er verlangt vom Menschen, zwischen Gut und Böse zu unterscheiden und hat ihn dafür mit dem Gewissen ausgestattet – einem Navigationsinstrument, das allerdings seine Funktionsfähigkeit einbüßt, wenn der Mensch sich ständig entscheidet, in die falsche Richtung zu fahren und der Aufforderung zur Umkehr nicht Folge zu leisten. Welch eine diabolische Perversion, wenn behauptet wird, die „körperliche und psychische Integrität... sowie Glaube und Gottvertrauen würden massiv gefährdet", wenn jemand die psychischen Ursachen seiner sexuellen Prägungen aufspüren will.

Wird nun ein Priester, der es wagt, die Sexuallehre der Kirche zu predigen, „anwaltschaftlich und konkret" von seinem Bischof bestraft bis hin zur Laisierung und bei den staatlichen Anti-Diskriminierungs- und neu geschaffenen Denunziationsstellen, gar bei den Gerichten, wegen „Hassrede" angezeigt?

Kirchliche Sanktionierung geschah z. B. dem Benediktiner Pater Joachim Wernersbach OSB, der sich in seiner Weihnachtspredigt 2022 gegen Wokeness und gegen die LGBTIQ-Agenda ausgesprochen hatte, woraufhin sich Abt Mauritius Chorio, OSB, für die „Wut, Leid aber auch Bestürzung", welche die Predigt hervorgerufen haben soll, öffentlich entschuldigte und dem Pater jede Art von pastoraler Tätigkeit im Umland der Abtei Tholey untersagte. Den Abt wird die Wut nicht treffen, denn der Pater wurde zum Blitzableiter gemacht.

Wenn jedes Festhalten an der biblischen Geschlechteranthropologie Diskriminierung ist, dann folgt daraus, „dass keiner Person die Übernahme von kirchlichen Ämtern sowie der Empfang der

Sakramente – insbesondere des Weihesakraments – verwehrt wird und dass keiner Person, die im kirchlichen Dienst steht, berufliche Nachteile erwachsen dürfen, weil er*sie homosexuell orientiert ist". (NH)

Wird nun ein Priester, der es wagt, die Sexuallehre der Kirche zu predigen, „anwaltschaftlich und konkret" von seinem Bischof wegen „Hassrede" angezeigt?

Diese Position wird im Handlungstext „Umgang mit geschlechtlicher Vielfalt" auf Trans- und Intersexuelle ausgeweitet. Der Zugang zu kirchlichen Weiheämtern und pastoralen Berufen darf auch „für inter- und transgeschlechtliche Getaufte und Gefirmte" nicht „pauschal ausgeschlossen sein". (UV)

Zur Begründung wird angeführt: „… damit Menschen, die durch die derzeitige kirchliche Lehre verunsichert sind, ihre Sexualität zukünftig positiv und verantwortungsvoll in ihre Person integrieren können." (NH)

Ein Wort zu dem begrifflichen Joker „Integration der Sexualität". Nicht integriert hat ein Mensch seine Sexualität, wenn der sexuelle Trieb mit seinen unersättlichen Begierden Herrschaft über den Menschen gewonnen hat, eine beständige Versuchung in der heutigen, sexualsüchtigen Gesellschaft. Integriert ist der Sexualtrieb dann, wenn er den übergeordneten Lebenszielen des Menschen dient und seinem Willen untergeordnet ist.

Die Sehnsucht nach verbindlicher Liebe ist in jedes Menschenherz hineingelegt, und sie verwirklicht sich nach Gottes Plan in der hingebenden Liebe von Mann und Frau. Zur Fähigkeit, den Sexualtrieb zu beherrschen, muss der Mensch erzogen werden. Dem dienten in einer christlich geprägten Gesellschaft die ungeschriebenen Normen und Sitten, die gesetzlichen Schranken und die Erziehung.

In der Tat „verunsichern" die Gebote Gottes die Ungläubigen, die sich von ihnen abgewandt haben. Eben diese „Verunsicherung" ist Aufgabe der Kirche, in dem sie den extrem verunsicherten Gläubigen den wunderbaren Weg der gottgewollten Liebe vor Augen stellt und ihnen mit Mitgefühl und Barmherzigkeit hilft, ihr Leben auf den festen Boden der biblischen Offenbarung zu gründen. Johannes Paul II hat mit seiner „Theologie des Leibes" dafür das theologische Fundament vertieft. Die Rezeption der ersten Enzyklika von Papst Benedikt XVI., „Deus caritas est", hätte davor bewahren können, das Wort Liebe in seiner propagandistischen Entleerung zu verwenden.

Der Kuss des Judas: Missbrauch des Wortes Gottes

Der Abfall von Gott, der Abfall vom Glauben, der Abfall von der katholischen Tradition und Lehre, ist das eine. Aber welche Beleidigung Gottes, welch schlimme Desorientierung der Gläubigen ist es, dass der Abfall mit dem verdrehten, pervertierten, ausgehöhlten Wort Gottes gerechtfertigt wird. Judas hat Jesus nicht einfach nur verraten, er hat den Menschensohn, in dessen Gegenwart er drei Jahre lang gelebt, dessen Lehre er gehört, von dessen Wundertaten er Zeuge wurde, mit einem Kuss den Häschern ausgeliefert. (Lk 22,48)

Es sind Bischöfe, die diese Papiere formuliert, ihnen zugestimmt haben und sie vor den Menschen und vor Gott verantworten müssen. Sie hatten eine Berufung, waren im Priesterseminar, haben Theologie und Philosophie studiert, stehen mit Mitra und Hirtenstab am Ambo und verkünden das Wort Gottes. Bleibt es ihnen nicht im Halse stecken, wenn sie die Wehrufe Jesu gegen die Heuchler (Mt 23,17-23) mit ihrer eigenen Stimme ausgesprochen hören oder die ständigen Mahnungen des heiligen Paulus, das Evangelium nicht zu verfälschen (Gal 1,6-9)? Nun bedienen sie sich sophistischer Winkelzüge, um den Abfall zu kaschieren, ja, als sein Gegenteil darzustellen, als Evangelisierung, Umkehr, Freiheit, Verantwortung, Würde. Damit führen sie das Volk Gottes, dem seit Jahrzehnten ein weichgespültes Evangelium verkündet wurde – Gott liebt dich und alle kommen in den Himmel – ins Labyrinth geistiger Verwirrung und geistlicher Desorientierung.

Wenn je das Wort „schwurbeln" zugetroffen hat, dann für diese Texte. Schwurbeln wird auf das mittelhochdeutsche Wort Swerben zurückgeführt und bedeutet „taumeln, schwindlig werden, sich im Kreise drehen". Schwindelig wird einem zum Beispiel beim Gebrauch des Begriffes „Würde", der sich besonderer Beliebtheit erfreut. Im Text „Liebe, Sexualität und Partnerschaft" (LSP) kommt er 39-mal vor. Hier einige Kostproben:

„Die Würde des gottebenbildlichen Menschen erweist sich in der Freiheit bewusster und moralisch verantworteter Entscheidung über die Handlungsoptionen der eigenen Lebensführung."

„Der Würde [der menschlichen Person] entspricht es, auch in der sexuellen Kommunikation einen vollpersonalen Selbstausdruck zu vollziehen und den der anderen Person empfangen zu können."

„Für alle Sexualität gilt: Sie muss immer die Würde der betroffenen Personen als Ausdruck der Ebenbildlichkeit Gottes achten. Zur Würde gehört das Recht

auf sexuelle Selbstbestimmung. Sie zu unterstützen und in ihrer Bindung an das moralisch Gute zu stärken gehört ebenso zum Grundauftrag der Kirche wie die Achtung der sexuellen Identität – unabhängig des Alters oder der jeweiligen sexuellen Orientierung."

Wieder so ein Oxymoron: das moralisch Gute stärken und jede sexuelle Orientierung gutheißen. Richtig ist, dass der Mensch Würde besitzt, weil Gott jeden Menschen aus Liebe als sein Ebenbild geschaffen hat. Daraus folgt: Diese ontologisch gegebene Würde verpflichtet ihn danach zu streben, dem Ebenbild Gottes ähnlich zu werden. Das geschieht dadurch, dass er die Sünde meidet, in der Tugend wächst und sich, „wenn er dennoch sündigt, wie der verlorene Sohn dem Erbarmen des himmlischen Vaters anheim gibt". (KKK, Nr. 1700)

Das aber sehen die Synodalen anders: Die freie Entscheidung der Person über ihre eigene Lebensführung, welche „moralisch verantwortet" wird, soll Kriterium der Würde sein. Welche Moral? Verantwortet vor wem? Niemals wird auf die Bibel und die Lehre der Kirche als Quelle der Moral Bezug genommen, und niemals wird von der Verantwortung vor Gott gesprochen, gar vom Gericht, dem sich jeder Mensch wird stellen müssen. Der „vollpersonale Selbstausdruck" macht die

„Würde" in der „sexuellen Kommunikation" aus, sei diese schwul, lesbisch, bi- oder transsexuell.

Hier wird die Freiheit des Ich zum Götzen gemacht. Theologischer Advokat eines solchen Freiheitsbegriffs und Ideengeber des Synodalen Wegs ist der bereits erwähnte Freiburger Fundamentaltheologe Magnus Striet.[17] Er setzt den Menschen, der seine Willensfreiheit zum obersten Gesetz erhebt, auf den Thron Gottes. Dazu sagt Bernhard Meuser: „Was der Mensch sich in Freiheit zur Maxime seines Handelns macht, ist göttliches Gesetz. Der darin sich manifestierende Autonomismus[18] führt dazu, dass der Mensch im Selbstentwurf und freien Gebrauch seiner Freiheit aus sich heraus schon moralisch handelt und eigentlich keine Weisung und kein Gebot braucht, ja dergleichen nicht einmal akzeptieren darf, um gut zu sein."[19]

Da Gott die Liebe ist und also ganz gut, ganz wahr, ganz frei ist, der Mensch hingegen von der Erbsünde belastet ist und seine Freiheit nur in der Abkehr von der Sünde und der Zustimmung zu Gottes Willen verwirklichen kann, bedeutet ein autonomer Freiheitsbegriff den Abfall von Gott.

Gar lustig wird es im Pfarrhaus zugehen, wenn die Vorstellungen der Synodalen verwirklicht werden: Priester und Priesterin und all ihre Mitarbeiter*innen können miteinander verheiratet sein, mit einer Frau oder einem Mann oder auch gar nicht, sie können geschieden und wiederverheiratet oder single sein und ihre homosexuelle, bi-sexuelle, nicht-binäre oder trans-sexuelle Identität und Orientierung vor der Gemeinde ausleben. In Einzelfällen kann auch eine Frau, die sich als Mann fühlt, zum Priester geweiht werden, sozusagen als Vorhut der allgemeinen Priesterweihe der Frauen. Jeder wird dann mit der sexuellen Identität und Orientierung seiner Wahl in Priestergewändern am Altar stehen, das Evangelium verkünden – und die Wandlung vollziehen.

Das ist keine Satire, sondern die Schlussfolgerung aus den Beschlüssen des Synodalen Wegs. Der einzige „Trost" in der Trauer: Es wird wahrscheinlich niemand mehr in der Kirche sein, der der gotteslästerlichen Maskerade beiwohnen wird.

Vielleicht ist das der Grund, warum Weihbischof Puff sich ernsthaft die Frage stellt, ob er „Ausgetretenen" die Heilige Eucharistie nicht mehr verweigern soll in der Annahme, sie hätten „meistens ihren Glauben doch nicht verloren".[20] Diese Frage stellt sich für die „kleine Herde" der Gläubigen, von der eine wachsende Zahl nicht mehr bereit ist, Kirchensteuern für die innerkirchliche Zerstörung des Glaubens zu bezahlen und ihren staatlich eingetriebenen Obolus gerne freiwillig an Initiativen spenden würde, die aus einer lebendigen Beziehung zu Jesus Christus leben.

Glauben denn die Bischöfe wirklich, dass die Überwindung „des Bruchs zwischen Lehramt und Gläubigen" durch Verkauf des katholischen Tafelsilbers überwunden werden kann? Man braucht keine Meinungsforschungsinstitute anzustellen, um zu sehen, dass katholische Orden, Priesterseminare, Hochschulen und Gemeinden nur dort blühen, wo der Glaube unverkürzt gelehrt und gelebt wird. Wo sie den Glauben der Welt anpassen und von homosexuellen Netzwerken unterwandert sind, gehen sie kaputt.

> **Glauben denn die Bischöfe wirklich, dass die Überwindung „des Bruchs zwischen Lehramt und Gläubigen" durch Verkauf des katholischen Tafelsilbers überwunden werden kann?**

Ein Zweites nimmt wunder: Es scheint, als fürchteten die Bischöfe gänzlich irrelevant zu werden, wenn sie nicht auf den Zug der Zeit aufspringen. Aber sehen sie denn nicht, dass dieser Zug an die Wand fährt? Es gibt keinen Bereich der Gesellschaft mehr, der nicht in der Krise wäre: Kriege, Naturkatastrophen, Klimawandel, Energiekrise, eine nie da gewesene Konzentration von Reichtum in den Händen von Privatpersonen, 73 Millionen Abtreibungen pro Jahr weltweit, schleichender demographischer Selbstmord der westlichen Welt, riesige Migrationsströme, Ausbreitung des Islams in einst christlichen Kulturen, Arbeitskräftemangel, Bildungsverfall, Auflösung der Familie, Korruption und Lüge, wohin man schaut, wetterleuchtend am Horizont der Transhumanismus und der totale Überwachungsstaat, und – vielleicht der gravierendste Punkt – eine junge Generation, deren dominierende Emotion Angst ist und die zu großen Teilen depressiv und psychisch und physisch krank ist.[21] Sie soll die Zukunft bewältigen, die globale Krise überwinden, die Freiheit verteidigen – mit welcher Kraft? Eine solche Welt braucht die Botschaft:

CHRISTUS VINCIT,
CHRISTUS REGNAT, CHRISTUS IMPERAT!

Sie braucht Menschen, die ein Licht auf dem Schemel sind, eine Kirche, die eine Stadt auf dem

Berge ist, in der die Menschen Identität, Heimat, Zuflucht und Hoffnung finden. Sie kann es nur wieder werden, wenn sie sich reinigt, wie klein auch immer sie dann werden mag.

Echte Umkehr

Jeden Tag tun sich neue Abgründe des sexuellen Missbrauchs in der Weltkirche auf, Männer, von denen man es niemals für möglich gehalten hätte, haben als Sklaven ihres Sexualtriebes ein Doppelleben geführt.

Nichts ist verhüllt, was nicht enthüllt wird, und nichts ist verborgen, was nicht bekannt wird. Deshalb wird man alles, was ihr im Dunkeln redet, am hellen Tag hören, und was ihr einander hinter verschlossenen Türen ins Ohr flüstert, das wird man auf den Dächern verkünden. (Lk 12,2-3)

Bischöfe buhlen um die Gunst der Medien und Mächtigen und verlieren so ihre Schafe zu Hunderttausenden; aber auch sie werden von den Medien und Mächtigen fallengelassen und in Schande gebracht werden, sobald sich eine Gelegenheit dazu bietet, denn es geht um den Kampf gegen Jesus Christus und gegen die Kirche, seinen Leib, dafür müssen zuletzt auch die liberalen Bischöfe fallen.

Der Schaden für die Kirche durch den sexuellen Missbrauch, seine Vertuschung und seine scheinbare Aufarbeitung, ist unermesslich.[22] Er geht weit über die Verheerung im Leben der Opfer hinaus: Alle Priester stehen nun unter Generalverdacht. Sie müssen in der Öffentlichkeit verächtliche Blicke und Worte, gar tätliche Angriffe über sich ergehen lassen. Sie müssen einem Bischof gehorchen, der Jesus nicht mehr gehorcht. Sie müssen Sanktionen fürchten, wenn sie das ganze Evangelium verkünden. Sie müssen ihre Berufung inmitten der Kernschmelze des Glaubens erfüllen.

Bischöfe buhlen um die Gunst der Medien und Mächtigen und verlieren so ihre Schafe zu Hunderttausenden

Umkehr und das Bekennen von Schuld war das Versprechen des Synodalen Wegs. Man stelle sich vor, das Versprechen wäre tatsächlich eingelöst worden – eine Versammlung der Bischöfe, bei der die Betroffenen bekennen:

Meine Schuld, meine Schuld, meine große Schuld.

- Ich habe missbraucht. Ich bitte die Opfer und die ganze Kirche um Verzeihung. Ich trete von meinem Amt zurück.

- Ich habe vertuscht. Ich bitte die Opfer und die ganze Kirche um Verzeihung, dass mir der Ruf der Kirche wichtiger war als die Reinigung des Leibes Christi vom Schmutz des sexuellen Missbrauchs. Ich trete von meinem Amt zurück.
- Ich werde auch mein persönliches Vermögen für die Entschädigung der Opfer einsetzen.
- Ich bin Teil einer homosexuellen Seilschaft und habe homosexuelle Mitbrüder gefördert. Ich trete von meinem Amt zurück.
- Ich habe mich im Speckgürtel der deutschen Kirchensteuern wohlig eingerichtet und war in meiner Lebensführung kein Vorbild für die Gläubigen.
- Ich war zu feige, als Hirte das ganze Evangelium zu verkünden. Ich bitte Gott und die mir anvertrauten Schafe um Verzeihung. Ich werde in Zukunft die ganze frohe Botschaft Jesu zu den Menschen bringen, auch wenn ich deswegen verfolgt werde.

Darum bitte ich die Jungfrau Maria, alle Engel und Heiligen und meine Brüder und Schwestern für mich zu beten bei Gott unserem Herrn.

Gewiss ist öffentliche Buße der Täter, Vertuscher und Strippenzieher realitätsfern, aber auch

Ninive ist umgekehrt. So würden die Hirten den Schafen auf dem Weg der Umkehr vorausgehen und Vorbild sein für jeden Christen, für die ganze Kirche.

Ist das, was Bischof Bode und Erzbischof Zollitsch (pars pro toto) jetzt erleiden müssen, nicht weit schmerzhafter, als wenn sie ihr systematisches Vertuschen bekannt hätten? Wie gern würden die Gläubigen für sie beten im Wissen, dass der barmherzige Gott jedem verzeiht, der seine Sünden bereut und bekennt. Dann würde von Deutschland tatsächlich ein Impuls der Erneuerung der Kirche ausgehen. Sie muss gereinigt werden und sie wird gereinigt werden, damit die Mächte der Unterwelt sie nicht überwältigen. (Mt 16,18).

Fürchte dich nicht, du kleine Herde

Wir dürfen trauern. Wir haben unsere Hirten verloren. Wir bräuchten sie so nötig in einer vaterlosen Welt, um von ihnen Wegweisung zu empfangen, von ihnen geschützt zu werden, in ihnen die Vaterliebe Gottes zu erkennen und uns selbst als seine Kinder zu erfahren. Im kulturellen Krieg unserer Zeit sind die Gläubigen schutzlos geworden. Aber nicht nur die Schafe sind von ihren Hirten verlassen, auch die ungläubige Welt erleidet einen unermesslichen Verlust, der dem Bösen Tür und Tor öffnet, wenn kein Gegengewicht mehr da ist, wenn die Stimme der Wahrheit verstummt.

Jemand, der diese Trauer zutiefst erfahren und machtvoll ins Wort gebracht hat, ist Friedrich Nietzsche. In seinem Gedicht „Die Krähen schrei'n", heißt es:

> Was bist du, Narr,
> Vor Winters in die Welt entflohen?
> Die Welt – ein Tor
> Zu tausend Wüsten stumm und kalt!
> Wer das verlor,
> Was du verlorst, macht nirgends Halt.
> Versteck', du Narr,
> Dein blutend Herz in Eis und Hohn"

Die Nietzsche-Expertin Edith Düsing deutet die Zeilen: „Das ‚blutende Herz' betrifft den ‚Tod' Gottes, das Bild der Kälte deutet auf die verlorene Gottesliebe hin, die Wüste auf den Verlust aller sittlichen Werte."[23] Nietzsche weiß, dass er selbst diese Eiswüste für sich und die Welt bereitet hat. Er schreibt in „Die fröhliche Wissenschaft": „Wohin ist Gott? Ich will es euch sagen! Wir haben ihn getötet – ihr und ich. Wir alle sind seine Mörder!"

Sich als Christ zu bekennen, verlangt zunehmend größere Opfer. Jesus hat seine Nachfolger darauf vorbereitet:

Denkt an das Wort, das ich euch gesagt habe: Der Sklave ist nicht größer als sein Herr. Wenn sie mich verfolgt haben, werden sie auch euch verfolgen. (Joh 15,20)

So gut wie alle, die im Kulturkampf unserer Zeit für die Familie, das Leben, die Demokratie, die Freiheit kämpfen, sind Christen, die aus dem Glauben Auftrag und Kraft schöpfen. Es galt als ausgemacht, dass es ratsam sei, sich nicht als Christ zu bekennen, sondern allein auf die überzeugenden Argumente der Vernunft und der Wissenschaft zu setzen, da man andernfalls in der säkularisierten Welt überhaupt nicht gehört würde. Aber war das richtig? Hat nicht gerade auch der Verzicht auf das offene Bekenntnis dazu beigetragen, den Feind zu ermutigen und den Christen eine Niederlage nach der anderen beizubringen?

Christen sind nun die „kleine Herde" geworden, der Jesus zuruft:

„Fürchte dich nicht, du kleine Herde! Denn euer Vater hat beschlossen euch das Reich zu geben." (Lk 12,32)

Wir Heutigen, müssen dem Weg Nietzsches in die Umnachtung nicht folgen, auch wenn in der Gottesfinsternis die Welt vor nichts mehr Halt macht. Wir haben eine unzerstörbare Quelle der Hoffnung und der Kraft: Jesus Christus. Er erbarmt sich der verlorenen Schafe, die keinen Hirten mehr haben. (Mk 6,34)

Dass die Hirten ihre Herde verlassen und den Wölfen ausliefern, ist nicht neu in der Geschichte Gottes mit seinem Volk. Der Prophet Ezechiel muss in der babylonischen Gefangenschaft den Hirten ins Gewissen reden, weil sie sich selbst geweidet, das Fett der Schafe verzehrt, sich in ihre Wolle gekleidet, die Verletzten nicht verbunden, die Vertriebenen nicht zurückgeholt, das Verlorene nicht gesucht haben. „Darum, ihr Hirten, hört das Wort des Herrn: Siehe, nun gehe ich gegen die Hirten vor und fordere meine Schafe aus ihrer Hand zurück." Aber dabei belässt es Gott nicht, er selbst kümmert sich um seine Schafe:

„Siehe, ich selbst bin es, ich will nach meinen Schafen fragen und mich um sie kümmern. Wie ein Hirt sich um seine Herde kümmert an dem Tag, an dem er inmitten seiner Schafe ist, die sich verirrt haben, so werde ich mich um meine Schafe kümmern und ich werde sie retten aus all den Orten, wohin sie sich am Tag des Gewölks und des Wolkendunkels zerstreut haben." (vgl. Ez 34,1-22)

Diese Zusage hat Gott verwirklicht, indem er selbst Mensch wurde und sein Leben hingab für seine Schafe.

„Ich bin der gute Hirt; ich kenne die Meinen und die Meinen kennen mich, wie mich der Vater kennt und ich den Vater kenne; und ich gebe mein Leben hin für die Schafe." (Joh 10,14-15)

Das ist die Quelle unserer unzerstörbaren Hoffnung. Jesus sammelt heute seine Schafe. Wie frisches Grün unter morschem Holz entstehen überall neue christliche Initiativen, getragen von Menschen, die tatsächlich Jünger Jesu sind. Die kleine Herde kennt die Stimme Jesu, die durch treue, opferbereite Priester spricht. Im Internet finden sich unzählige Personen, Initiativen, Organisationen, Konferenzen, Kurse, Apps, Podcasts, Videos, Nachrichtenportale, die von Jüngern Jesu getragen werden. Es besteht kein Mangel an guter geistlicher Nahrung. An den Nachfolgern Jesu ist es, sie in die Tat umzusetzen.[24]

Wie frisches Grün unter morschem Holz entstehen überall neue christliche Initiativen, getragen von Menschen, die tatsächlich Jünger Jesu sind.

Wie leben wir aus der Hoffnung, wie trägt sie unser Leben inmitten einer zerfallenden Zivilisation? Jesus sagt es uns in seiner allerersten Predigt, nachdem er getauft und von Satan versucht worden ist:

KEHRT UM
UND GLAUBT AN DAS EVANGELIUM! (Mk 1,15)

Umkehr bedeutet, sich vom Hochmut des eigenen Ichs, von den Leidenschaften und Begierden, den Sünden, Lastern und Süchten, dem verkehrten Denken, der Lüge, der Unversöhnlichkeit immer neu ab- und Gott zuzuwenden. Nicht mein Wille, sondern Dein Wille geschehe wie im Himmel, so auch in meinem eigenen Herzen. Es ist das Schwerste und das Fruchtbarste, was ein Mensch tun kann. Immer fühlen wir uns bedroht, wenn unsere „ungeordneten" Seiten zum Vorschein kommen, bedroht im eigenen Selbstgefühl, bedroht, weil wir fürchten, die Liebe und Akzeptanz der anderen zu verlieren.

Im selben Atemzug sagt Jesus: „... und glaubt an das Evangelium." Er fordert nichts, was er nicht gibt. In den Evangelien finden wir den Anker, um vom Treibsand dieser Welt nicht weggeschwemmt zu werden, dort sprudelt das lebendige Wasser, dort finden wir Jesus selbst, denn er ist DAS WORT. „Es kehrt nicht leer zu mir zurück, sondern bewirkt, was ich will, und erreicht all das, wozu ich es ausgesandt habe." (Jes 55,11)

Das Wort Gottes richtet die vertikale Dimension in unserem Leben auf, die in der säkularisierten Welt, in der wir leben, weitgehend zum Einsturz gebracht wurde. Das tägliche Lesen des Alten und Neuen Testaments erlaubt uns, aus der Perspcktive Gottes auf uns selbst und die Welt zu schauen. Gott ist der Schöpfer des Himmels und der Erde, er ist mein Schöpfer, zu ihm darf ich – oh, welches Wunder – Vater, Abba sagen.

„Denn Gott hat seinen Sohn nicht in die Welt gesandt, damit er die Welt richtet, sondern damit die Welt durch ihn gerettet wird." (Joh 3,17)

Davon hat er nicht abgelassen, auch wenn immer mehr Menschen von ihm ablassen.

Es ist von Anfang bis Ende der Bibel die immer gleiche Botschaft: Gott schließt einen Bund mit den Menschen, mit seinem auserwählten Volk und mit jedem einzelnen Menschen in der Taufe. Wenn wir seine Gebote halten, ist er treu, bewahrt, beschützt, beschenkt mit Sieg und Wohlergehen. Wenn wir fremden Göttern und den eigenen Leidenschaften gehorchen, folgen Streit, Krieg, Unglück, Katastrophen. Aber Gott gibt trotzdem nicht auf: „Wenn wir untreu sind, bleibt er doch treu, denn er kann sich selbst nicht verleugnen." (Tim 2,13)

Deswegen: Alles kommt für die kleine Herde darauf an, Gott zu vertrauen. Am überlieferten Glauben festzuhalten ist das eine. Aber erst das Vertrauen macht uns fähig, frohen Mutes dem Unbekannten entgegenzugehen. Wir brauchen uns nicht an Erscheinungen und Prophetien zu klammern: glaubend auf Gottes Wort zu vertrauen, genügt. Haben wir nicht im eigenen Leben erfahren, dass es gerade die Krisen waren, die zu neuen Ufern geführt haben, zu mehr Sinn, zu tieferem Glauben, zu innerem Wachstum? Die Größe der gegenwärtigen Krise wird der Größe des Neuen entsprechen, das Gott vorbereitet. Wer glaubt und vertraut wird nicht „in Angst vergehen in Erwartung der Dinge, die über die Erde kommen", vielmehr sich aufrichten und das Haupt erheben, „denn eure Erlösung ist nahe". (Lk 21,26-28).

Würdig werden der Verheißungen Christi

Katholiken bitten, wenn sie den Angelus dreimal täglich beten: „Bitte für uns, heilige Gottesmutter, dass wir würdig werden der Verheißungen Christi." Die Verheißungen Jesu sind von unermesslicher Größe:

„Wenn ihr um etwas in meinem Namen bittet, werde ich es tun." (Joh 14,12-14)

„Alles, was ihr im Gebet erbittet, werdet ihr erhalten, wenn ihr glaubt." (Mt 21,22)

„Ich habe euch die Vollmacht gegeben, auf Schlangen und Skorpione zu treten und über die ganze Macht des Feindes. Nichts wird euch schaden können." (Lk 10,19)

„Wenn jemand mich liebt, wird er mein Wort halten; mein Vater wird ihn lieben und wir werden zu ihm kommen und bei ihm Wohnung nehmen." (Joh 14,23)

„Amen, amen, ich sage euch: Wer an mich glaubt, wird die Werke, die ich vollbringe, auch vollbringen, und er wird noch größere vollbringen." (Joh 14,12-14)

Die Evangelien sind eine einzige Verheißung für die Kinder Gottes. Sie müssen in uns Christen wahr werden, damit wir den Herausforderungen der kommenden Zeit gewachsen sind und Zeugnis geben können für das Handeln Gottes in der Wirklichkeit unserer Welt.

Um im Glauben und Vertrauen zu wachsen, bedarf es unserer freien Willenszustimmung und des inneren geistlichen Kampfes. Gewiss kann Gott einen Menschen auch ganz unverhofft mit seiner Gnade überfluten. Aber auch dann müssen wir eine Leitung bauen, durch die das lebendige Wasser stetig fließen kann. Das geschieht durch Gebet, durch den Empfang der Sakramente und durch die Betrachtung des Wortes Gottes.

Während der siebzig Jahre kommunistischer Diktatur in Russland wurden Tausende von Priestern ermordet, Hunderttausende von Kirchen zerstört, die Ikonen verbrannt. Den Gläubigen blieb nichts anderes mehr als das Gebet. Wenn sie zum Wortgottesdienst heimlich zusammenkamen, haben sie die Priestergewänder über dem Hausaltar ausgebreitet. Sie wollten nicht die Heilige Messe simulieren, sondern im Bewusstsein ihrer sakramentalen Bedürftigkeit ihren Glauben im Flehen zu Gott und im Preis Gottes „immer und überall" bewahren.

Gott ist die Liebe und er will geliebt werden.

Wer liebt, spricht mit dem Geliebten. Katholiken haben eine unendliche Fülle von Gebeten, die Sucher und Heilige hinterlassen haben, Gott hört aber auch auf das Gestammel aus unserem eigenen Herzen. Immer sollen wir beten, ununterbrochen in der Beziehung zu Gott bleiben, bei allem, was wir tun. „Freut euch in der Hoffnung, seid geduldig in der Bedrängnis, beharrlich im Gebet!" (Röm 12,12)

Eine ganz besondere Stellung hat das Rosenkranz-Gebet, denn die Mutter Jesu legt es uns bei fast allen ihren Erscheinungen ans Herz. Wir betrachten zentrale Geheimnisse des Lebens Christi, entwinden uns der Hektik des Alltags und hoffen, der Verheißungen Christi würdig zu werden. Wenn wir in den Geheimnissen den Plural durch den Singular ersetzen und statt Jesus, der für uns gekreuzigt wurde, sagen Jesus, der *für mich* gekreuzigt wurde, fordert das Gebet zu einer persönlichen Antwort heraus. Für die Ostkirche ist es das Jesusgebet, das den Menschen ständig mit Gott in Verbindung hält: „Herr Jesus Christus, Sohn des lebendigen Gottes, hab Erbarmen mit mir Sünder."

Jesus hat uns zugesagt:

„Seid gewiss, ich bin bei euch bis zum Ende der Welt." (Mt 28,20)

Dafür hat er die sieben Sakramente eingesetzt, „der Kirche anvertraute Zeichen der Gnade, durch die uns das göttliche Leben gespendet wird". (KKK, Nr. 1131) Die Taufe macht uns zu Kindern Gottes, aber dennoch fallen wir immer wieder in Sünde und bedürfen der Erlösung. Immer wieder neu schenkt uns der Herr in der Beichte Vergebung, und immer wieder neu nährt er uns in der Eucharistie mit seinem Leib und Blut und bleibt gegenwärtig, so dass wir ihn in der heiligen Eucharistie anbeten können.

Was für eine Provokation der im Materialismus gefangenen Zeit, dass Jesus Christus real gegenwärtig sein soll in Brot und Wein, über die ein Priester die Wandlungsworte gesprochen hat. Dieser Glaube hält sich nun schon zweitausend Jahre. Nicht nur eucharistische Wunder bestätigen ihn, sondern auch die eigene Erfahrung des äußerst zarten, wunderbaren Erfülltwerdens mit der Gegenwart des Herrn. Vom Sonnenaufgang bis zum Sonnenuntergang wird das Kreuzesopfer des Herrn dargebracht. Im Feuer seines Leidens werden unsere Sünden verbrannt.

Es kann nötig sein, weite Wege in Kauf zu nehmen, um bei Priestern beichten und die Heilige Messe mitfeiern zu können, die ihr priesterliches Amt lauteren Herzens erfüllen. Sie sind in großer Bedrängnis. Wir brauchen sie, und sie brauchen uns. Die Zeit wird kommen, wenn sie nicht mehr von üppigen Kirchensteuern bezahlt werden, sondern von den Gläubigen getragen werden müssen. Das ist fast eine Verheißung, denn es würde *communio* schaffen, innige Gemeinschaft miteinander im Herrn.[25]

Das Wort Gottes, das Gebet, der Empfang der Sakramente – dies ist das ganz normale katholische Leben, um für die Gnade Gottes empfänglich zu werden. Sie befähigt uns nach und nach, aus den Koordinaten des Säkularismus auszusteigen und „den neuen Menschen anzuziehen" (Eph 4,24). Auch als „neuer Mensch" fallen wir, aber wir sind bereit, unsere Sünden zu erkennen, sie in der Beichte der Barmherzigkeit Gottes zu übergeben und wieder aufzustehen.

Wir leben in einem Meer der Lüge. Der „Vater der Lüge", ein „Mörder von Anfang an" (Joh 8,44) beherrscht diese Welt und hat immer raffiniertere technische Möglichkeiten und psychologische Manipulationsmethoden, um den Geist der Menschen dem Willen der Mächtigen gefügig zu machen. Man nennt dies Propaganda. Verpflichtung auf objektive Wahrheit, auf Rationalität – das war einmal. In der „postfaktischen" Zeit zählt nur noch das subjektive Gefühl.

Die Rettung aus dem Meer der Lüge ist radikale Selbsterkenntnis. Von Guardini stammt das

Wort: Nach der Logik der Sünde erzeugt die Verblendung Sünde und die Sünde noch mehr Verblendung – eine Spirale nach unten. Das Umgekehrte gilt ebenfalls: Nach der Logik der Tugend erzeugt die Tugend Erkenntnis und die Erkenntnis noch mehr Tugend – eine Spirale nach oben. Nichts ist leichter, als sich selbst zu belügen, in Selbstrechtfertigungen zu wiegen, sich an den guten Absichten und nicht an den Taten und ihren Auswirkungen zu messen, das Selbstbild um jeden Preis zu verteidigen. Das Ego kämpft mit allem, was es hat, um in seiner eigenen Glorie auf dem Thron sitzen zu bleiben. Es kann sich in ein frommes Gewand hüllen und vielleicht sogar selbst an die eigene Frömmigkeit glauben.

Wie mag es im Inneren von Menschen aussehen, denen die Lüge zum *modus vivendi* geworden ist? Die ein Doppelleben führen, die das Evangelium verkünden und gegen das Evangelium leben und arbeiten? Können sie gut schlafen? Wie wird es ihnen gehen, wenn der Tod ans Fenster klopft? Wie wird es ihnen gehen, wenn unmittelbar nach dem Tod die Wahrheit wie ein Sturzbach über sie hereinbricht?

Man kann ihnen nur zurufen: Gott ist barmherzig. Er vergibt jede bereute Sünde. Aber predigt uns nicht den barmherzigen Gott, ohne unser Gewissen aus dem Schlaf zu wecken. Das Wunder

der Barmherzigkeit Gottes erfassen wir im Maß der Erkenntnis unserer eigenen Sünden: Du Herr vergibst mir das wirklich? Du hast es mit deinem Blut bezahlt? Ich darf das annehmen? Ich darf mir selbst verzeihen? Ich darf neu anfangen? Das macht uns klein und demütig und empfänglich für die Liebe Gottes. Gott sagte zum Pfarrer von Ars, wenn er ihm alle seine Sünden offenbaren würde, würde er sterben – der heilige Pfarrer von Ars!

Im Pflanzbett der Selbsterkenntnis wächst der Geist der Unterscheidung, der uns ein instinktives Gefühl für Lüge, Manipulation und Heuchelei vermittelt.

Kritik von außen – so schmerzhaft sie ist – kann eine Botschaft des Herrn sein. Lassen wir das unmittelbare emotionale Aufbegehren abklingen und fragen wir uns dann, was der Herr sagt, ob es vielleicht eine Botschaft von ihm war. Dann werden Scham und Reue zum Sauerteig der Veränderung.

Selbsterkenntnis ist der Bereich, in dem wir radikal sein sollten, es ist ein Kampf um Freiheit und Wahrheit. Im Pflanzbett der Selbsterkenntnis wächst der Geist der Unterscheidung, der uns ein instinktives Gefühl für Lüge, Manipulation und Heuchelei vermittelt. Aus der Selbsterkenntnis und dem Empfang der Gnade Gottes folgt die Abkehr von der erkannten Sünde.

Hotline zum Heiligen Geist

Was hat König David zu Fall gebracht und dazu geführt, dass das Schwert bis zum Ende nicht mehr von seinem Haus wich? (2 Sam, 10) Das Begehren der Frau eines anderen. Was hat König Salomon um seine Weisheit gebracht: siebenhundert Frauen und dreihundert Nebenfrauen, die „sein Herz abtrünnig machten". (1 Kön 11,3) Was hat Johannes dem Täufer den Kopf gekostet? Dass er dem König sagte, dem Bruder die Frau wegnehmen, das geht nicht. (Mk 6,18) Es hat verheerende Folgen, wenn das sexuelle Begehren die Herrschaft übernimmt, damals wie heute.

Die Ent-moralisierung der Sexualität ist ein Rückfall ins Heidentum, eine Wiederkehr der Götter Baal und Astarte.[26] Kinder wurden zu Tausenden dem Götzen Moloch geopfert. In unserer Zeit sind es jährlich 73 Millionen durch Abtreibung und Millionen durch Missbrauch, Pornographie, Zwangsprostitution. Der Prophet Elijah setzte sein Leben ein, um in einem gewaltigen Showdown Baal als falschen Gott zu entlarven und die Macht des wahren und einzigen Gottes zu demonstrieren, damit das Volk erkenne „dass du, Herr, der wahre Gott bist und dass du sein Herz zur Umkehr wendest". (1 Kön 18,37)

Heute üben die falschen Götter ihre Macht durch die politischen und finanziellen Eliten dieser Welt aus, denen die medialen Manipulationsmaschinen des Massenbewusstseins zur Verfügung stehen. Wir können uns ihrer Macht entziehen, indem wir schlicht und einfach die katholische Sexualmoral befolgen: Sex nur in der Ehe zwischen Mann und Frau. Es ist eine Lüge der sexualsüchtigen Welt, dass es ungesund, ja, unmöglich wäre, den Sexualtrieb nicht jederzeit zu befriedigen. Sigmund Freud wusste, dass Kultur durch die Sublimierung des Sexualtriebs entsteht. Es ist eine *conditio sine qua non* – Umkehr und Vergebung immer eingeschlossen –, um zur kleinen Herde zu gehören, derer sich Gott selbst annimmt. Wer so lebt, kann seine Lebenskraft in den Aufbau tragfähiger Strukturen des eigenen Lebens und der Gesellschaft investieren und zu einem Licht in der Finsternis der gegenwärtigen Zeit werden. Es ist eine Investition in die Zukunft, die unabsehbare Früchte in den nächsten Generationen tragen wird, denn nur in gesunden Familien gedeihen gesunde Kinder.

Wachsen wir selbst in den Tugenden, zu denen wir sie erziehen wollen, dem Glauben an Gott, der Hoffnung, dass Gott alles zum Guten wendet, der Liebe, die sich im Opfer erweist. Dafür brauchen wir Klugheit, Gerechtigkeit, Starkmut und Mäßigung. Wie ein Laster das andere nachsichzieht, so kann sich keine Tugend ohne die andere voll entfalten. Wir brauchen Klugheit, um Gut und Böse unterscheiden zu können. Es bedarf einer klaren Wahrnehmung von Gerechtigkeit, um jedem das Seine zu geben: Gott, dem Nächsten und sich selbst. Um das Gute und Gerechte mit Ausdauer tun zu können, brauchen wir Starkmut. Entwurzelte, psychisch labile Menschen werden von Angst regiert und müssen mit dem Strom schwimmen. Feigheit hält sie bei der Stange. Sie werden maßlos in ihren Ersatzbefriedigungen.

Ach, wie nötig haben wir Hirten, die klug, gerecht, starkmütig und maßvoll sind!

Wir würden so gerne auf ihre Stimme – *in persona Christi* – hören.

Mehr denn je brauchen wir in den Turbulenzen dieser Zeit ein hörendes Herz, eine Hotline zum Heiligen Geist.

Dies alles heißt nichts anderes, als der immer gleichen Forderung Gottes nachzukommen, den Weg der Heiligkeit zu gehen. Mehr denn je brauchen wir in den Turbulenzen dieser Zeit ein hörendes Herz, eine Hotline zum Heiligen Geist.

Wann sollen wir reden, wann schweigen? Wann will Gott, dass wir uns zu ihm bekennen, auch wenn das Opfer kostet? Bedenken wir, was Jesus sagt:

„Wer sich vor den Menschen zu mir bekennt, zu dem werde auch mich vor meinem Vater im Himmel bekennen. Wer mich aber vor den Menschen verleugnet, den werde auch ich vor meinem Vater im Himmel verleugnen. (Mt 10,32-33)„

Das Fragen und Hören muss eingeübt werden, Die Antworten sind nur selten Befehle von der Art: „Steh auf, nimm dein Kind und seine Mutter, und flieh nach Ägypten" (Mt 2,13), eher ein zartes inneres Drängen, denn Gott lässt immer Raum für unsere freie Entscheidung.

Die Überwindung von Angst und Feigheit muss ebenfalls im Kleinen, im Alltag geübt werden. Alles läuft auf eine endgültige Entscheidung für Christus hinaus. Nichts spricht dafür, dass wir dazu fähig sein werden, wenn wir normalerweise im Mainstream auf Deckung gehen.

Es gibt keine Strategien und Kuschelecken, die uns Sicherheit schenken könnten. Die Welt ist von Heidenangst geschüttelt. Auf diesem Klavier spielen die Mächtigen ihre Marschmusik und bereiten so dem Antichristen den Weg. Von der Genesis bis zur Offenbarung, vom ersten bis zum letzten

Buch der Bibel, sagt Gott dem Menschen: Fürchte Dich nicht! Wir verlieren die Heidenangst und gewinnen das Vertrauen eines Gotteskindes, wenn wir Gott als unseren Vater und Maria als unsere Mutter annehmen.

Die Welt ist mit Mariengnadenorten übersät. Viele dieser Orte entstanden, weil die Mutter Jesu dort erschienen ist, oft ungebildeten Kindern an abgelegenen Orten wie in Lourdes, Fatima, Garabandal...Wem immer die Gnade zuteilwurde, die Mutter Jesu zu erblicken, war hingerissen von ihrer Schönheit, nie hatte er oder sie eine schönere Frau gesehen. Sie ist nach katholischer Lehre die Sündenlose, die Unbefleckte, die ganz Reine. Allein die Reinheit schenkt der Schönheit ein inneres Strahlen, das ins Herz des Betrachters dringt. Sie wusste, wer sie war: die Magd des Herrn, darum sprach sie ihr ewiges FIAT MIHI, mir geschehe, wie du es gesagt hast, was auch immer die unabsehbaren Folgen sein mochten. Die Magd des Herrn wusste, dass der Mächtige Großes an ihr getan hatte und dass alle Geschlechter sie seligpreisen würden – alle Geschlechter, bis auf den heutigen Tag. (vgl. Lk 1,46-49)

Wir Heutigen machen das Ich zum Gott, besudeln die Reinheit, verachten die Demut, halten das Weibliche für minderwertig, die Mutter für entbehrlich, die Hingabe für Unterwerfung. Es bewährt sich nicht. Lernen wir also von der Mutter Jesu den Willen Gottes zu tun, empfänglich zu werden für seine Weisung, das Kind in die Mitte zu stellen und unter dem Kreuz auszuharren. Je größer unsere Bereitschaft zum Opfer, umso größer unsere Freiheit.

„Denn Gott hat die Welt so sehr geliebt, dass er seinen einzigen Sohn hingab, damit jeder, der an ihn glaubt, nicht verloren geht, sondern ewiges Leben hat." (Joh 3,16)

Dieser Gott ist Mensch geworden, er hat sich ans Kreuz nageln lassen und ist am dritten Tag auferstanden. Sollte das umsonst gewesen sein? Nein, es ist nicht umsonst gewesen, er wird wiederkommen in Herrlichkeit. Dass es davor große Not geben wird, hat er uns gesagt, damit wir dann, wenn sie da ist, nicht daran zweifeln, dass er im Begriff ist, seinen Plan der Erlösung zu vollenden.

Es hat sich nichts geändert: Wir werden sterben, und wir sterben nur einmal. Dann kommt das Leben in der Ewigkeit.

1. Dietrich von Hildebrand, Das trojanische Pferd in der Stadt Gottes, Verlag Josef Habbel, Regensburg 1968, S. 258.
2. Joseph Ratzinger, Die neuen Heiden und die Kirche, zuerst in der Zeitschrift „Hochland" im Oktober 1958 veröffentlicht.
3. Gabriele Kuby, Missbrauch, Euer Herz lasse sich nicht verwirren, Fe-Medienverlag, Kißlegg 2018, mit einem Vorwort von Gerhard Kardinal Müller.
4. Alle Dokumente sind von der Bischofskonferenz veröffentlicht. Wenn Zitate in Anführungszeichen gesetzt oder eingerückt sind, können sie mit der Suchfunktion im entsprechenden Dokument mühelos gefunden werden.
   „Neubewertung der Homosexualität" (NH)
   „Leben in gelingenden Beziehungen – Liebe leben in Sexualität und Partnerschaft" (LSP)
   „Grundlagentextes" (GT)
   „Segensfeiern für Paare, die sich lieben" (SF)
   „Umgang mit geschlechtlicher Vielfalt" (UV)
5. Joseph Ratzinger, Die neuen Heiden und die Kirche, a.a.O.
6. Zum Freiheitsbegriff von Magnus Striet siehe: Helmut Müller, Starkbier in München und leichte Theologie in Frankfurt. https://neueranfang.online/starkbier-in-muenchen-und-theologie/
7. Prof. Dr. Armin Baum, Das Konzept der (homo)sexuellen Orientierung in der Antike und im Neuen Testament. https://www.youtube.com/watch?v=fqFcUN3DnL4
8. Siehe dazu: Gabriele Kuby, „Hetero, homo, bi, trans – alles gleichgültig?", Kapitel X in: Die globale sexu-

elle Revolution – Zerstörung der Freiheit im Namen der Freiheit, Fe-Medienverlag, Kißlegg 2012.
The International Federation for Therapeutic and Counselling Choice (iftcc) veröffentlicht grundlegende wissenschaftliche Ressourcen: https://iftcc.org/resource/

[9] Siehe dazu den Hirtenbrief über menschliche Sexualität der Nordischen Bischofskonferenz zum 5. Fastensonntag 2023, in dem das Licht des Evangeliums zum Leuchten gebracht wird.

[10] Dies stimmt mit internationalen Ergebnissen überein. Vgl. „Das Schweigen der Hirten", in: Der Spiegel, Nr. 39/22.09.2018

[11] Cecilia Dhejne, Long-Term Follow-Up of Transsexual Persons Undergoing Sex Reassignment Surgery: Cohort Study in Sweden, February 2011. https://journals.plos.org

[12] kath.net, 21. 04. 2023

[13] Miriam Grossmann, Interview mit Jordan Peterson: Parental Trauma in a World of Gender Insanity. https://www.youtube.com/watch?v=Su2Z4_iQHz4. Veröffentlichung als Buch im Sommer 2023.

[14] Hedwig von Beverfoerde, Das unheilvolle Erbe Kentlers, in: „Die Tagepost, 13. 04. 2023

[15] Gabriele Kuby, Die verlassene Generation, Fe-Medienverlag, Kißlegg 2020.

[16] Siehe dazu die Erklärung von iftcc: "Banning 'conversion therapy' infringes human rights and freedoms, imperiling both therapeutic choice and pastoral, professional and parental rights." https://iftcc.org/the-declaration-full-review-document/#1st

[17] Magnus Striet, Für eine Kirche der Freiheit – Den Synodalen Weg konsequent weitergehen, Herder Verlag, München 2022.
[18] Das eigene Ich ist die höchste, normgebende Instanz.
[19] Bernhard Meuser, „Das synodale Dilemma", in: Die Tagespost, 10.11.2022. https://www.die-tagespost.de/kirche/synodaler-weg/das-synodale-dilemma-art-233512
[20] https://www.kath.net/news/81399
[21] Barna Group, The Connected Generation, 2019. Internationale Studie mit 15.000 Probanden zwischen 18-35 Jahren: https://www.barna.com/anxiety/ Gabriele Kuby, Die verlassene Generation, a.a.O.
[22] Zu den Ursachen s. Gabriele Kuby, Missbrauch – euer Herz lasse sich nicht verwirren, a.a.O.
[23] Edith Düsing, Nietzsche als Prophet der Postmoderne, unveröffentlichtes Manuskript, Konferenz des Gemeindehilfsbundes in Krelingen vom 31. 03.-02. 04. 2023
[24] Besonders hingewiesen sei auf die Initiative Neuer Anfang, welche durch Aufklärung, Analysen, Katechese und Glaubenspraxis die kleine Herde sammelt: https://neueranfang.online
[25] Rod Dreher, Lebt nicht mit der Lüge, Media Maria, Illertissen 2023. Ein eindringlicher Ruf zur Bildung von lokalen Gemeinschaften.
[26] Jonathan Cahn, Die Rückkehr der Götter, king2come, Rinteln 2022.

Von derselben Autorin

Die verlassene Generation

„Ich bin hingerissen, bei meinen Enkeln zu erleben, wie das Leben neu beginnt. Hüten wir es, damit die Welt besser wird", schreibt die Soziologin Gabriele Kuby und sorgt sich um die Zukunft der jungen Generation.

Anhand von erschütternden Fakten stellt sie dar, wie wir das Leben unserer Kinder beschädigen: Vom Nein zum Kind durch Verhütung und Abtreibung, über die künstliche Produktion von Kindern, die staatliche Kollektivbetreuung in der Krippe, die Sexualisierung in Kindergarten und Schule, die Smartphone-Epidemie mit Zugang zur Pornografie und die traumatischen Folgen von Scheidung.

Wir plündern nicht nur unseren Planeten, sondern zerlegen die Grundzellen unseres menschlichen Zusammenlebens. Eine gefährliche Vermessenheit hat die westlichen Gesellschaften erfasst: sein zu wollen wie Gott. Wir spielen Schöpfer und Richter, bestimmen, wer leben darf und sterben muss, und lösen so die natürlichen Lebensbedingungen auf.

Gabriele Kuby mahnt nicht als Moralapostel vom hohen Ross herunter, sondern als Betroffene. Die Bestseller-Autorin zeigt auf, wie wir den Kindern das Lachen rauben und die nächste Generation dem Niedergang ausliefern. Dabei leuchtet im Hintergrund immer die Vision des rechten Lebens, für das sich jeder auch heute entscheiden kann.

378 Seiten, Paperback, 17,80 €
ISBN 978-3-86357-276-1

Von derselben Autorin

Missbrauch

Gabriele Kuby untersucht in diesem Buch die Ursachen der Missbrauchs-Katastrophe, benennt die Sünden und zeigt Wege zur Reinigung und Umkehr auf. Sie nimmt Täter und Opfer in den Blick: Jesus kann und will den Menschen, der missbraucht wurde, heilen, und den Täter aus dem Abgrund der Sünde befreien.

74 Seiten, Paperback, 5,95 €
ISBN 978-3-86357-219-8

Dein Leib – Dein Zuhause

Was wird aus dem Menschen, wenn alle Anker gelichtet sind, die Anker des Glaubens an Gott, der kulturellen Tradition, der Beheimatung in der Familie? Ein wurzelloses Individuum, das im Abgrund des Nihilismus vergeblich nach seiner Identität sucht und dabei sogar zum Feind des eigenen Körpers wird. Aber jeder hat die Freiheit, sich als Teil der guten Schöpfung zu erkennen, denn: „Gott sah alles an, was er gemacht hatte. Es war sehr gut."

96 Seiten, Paperback, 6,95 €, ISBN 978-3-86357-332-4

Alle Bücher bestellbar bei:
Fe-Medienverlag, Hauptstraße 22, 88353 Kisslegg,
Tel.: 07563/608998-0, Fax: 07563/608998-9
E-Mail: info@fe-medien.de – www.fe-medien.de